だいわ文庫

簡単に暮らせ

ちゃくま

大和書房

はじめに

今から約40年前、私はすでに、「薄型テレビ」を観ていました。幼い頃、母方の祖父母の家の茶の間での事です。壁に見えているのは、ブラウン管の表面とチャンネルの部分だけでした。中学生の頃に祖父が亡くなり、改めて訪問した際、カラクリに気付きました。テレビ本体は隣の部屋にあり、画面は茶の間側の壁を向いており、間にある壁はくりぬいてあったのです。

当時、テレビと言えば「大きいほど良い」でした。ところが、祖父が優先したのは、おそらく茶の間をできるだけスッキリさせて安全に暮らすことでした。テレビの存在を際立たせることには全く興味がなかったのです。

大きくて重いテレビが部屋にあれば、スペースに少なからず影響します。同時に、地震などの際には倒れたりぶつかったりする危険がゼロではありません。直接、そういう説明を受けたわけではありません。ですが、その光景の記憶から、祖父が何を重視していたかを感じ取ることができます。

はじめまして。「ちゃくま」と申します。これはブログで使用している名前です。ブログを立ち上げる時に、目印となるアイコンに、夫が出張先からお土産（みやげ）に買ってきたクマのぬいぐるみの写真を使いました（現在はイラストに置き換えています）。「茶色いクマ」なので「ちゃくま」としました。本人はいたって普通の40代後半の主婦です。夫と息子との家族3人で暮らしています。

ブログには、「知っていると簡単に出来る方法」や、「こう考えたら割り切れた」という経験を綴っています。今、ネット上には膨大な情報がありますし、便利な物もたくさん販売されています。ところが「そもそも、何と検索すれば良いかわからない疑問」は知りようがありません。

そこで、「その穴を埋める一端を少しでも担（にな）えれば」という思いでブログに書いて発信しています。そうすることで、自分にとっては備忘録になります。そして、どこかの誰かが一人でもラクに、楽しく日々を暮らすことのきっかけになればと思っています。

日々の渦中にいると、他人の視点に翻弄されます。そして、「自分と家族にとって何を優先するべきか」を見失いやすくなります。その結果、要らない物を買ったり、家族の暮らしやすさを顧みたりすることを忘れ、使い勝手よりも見た目を重視しすぎたり、「他人から認められること」を優先してしまいそうになります。見た目を仕上げること自体は良いのです。けれどもしばしば、それが葛藤の原因になります。

そんな時にふと思い出すのが祖父の「40年前の薄型テレビ」です。昨今の薄型テレビは、スペースを活用するためというよりも「よりスタイリッシュであること」、つまり見た目を重視した結果として取り入れるような雰囲気があります。けれども本来の薄型テレビとは、重く場所をとるブラウン管のテレビの重量による危険性とスペースを奪っていた不自由さから、人を解放して住まうための策であったはずです。

私にとっての「原則」は、自分を含め、家族全員が平穏に暮らすことです。そして、現実を見据え、「地に足が着いている」ことを心がけています。

この本は複数の章と項目に分かれています。興味のあるタイトルの、どこから読んで頂いても構いません。ひとつの項目は短いので、忙しい方や長文を読むことに抵抗がある方でも、手軽に読んで頂くことができます。

はじめに思考をシンプルにする方法を提案しています。どんな行動も思考があって結果が出るからです。この部分がすっきりすれば、物の選び方も暮らし方も整理されていきます。同時に、いつも平常心で向き合えるようになります。

もちろん、既婚か、未婚か、子供がいるか、いないか、何人か、さらには性別も職業も年齢も立場も無関係です。なぜなら暮らしに関わらない人は一人もいないからです。

この本を読めば、漠然とした不安が減り、「もっと簡単に暮らせる」ということに気が付いて頂けるはずです。

そして真の豊かさに気付き、毎日を楽しく有意義に過ごせるきっかけになれればと思います。

第1章 思考をシンプルに

第2章 家事をシンプルに

第3章 時間をシンプルに

第4章 人間関係をシンプルに

第5章 「減らす」をシンプルに

第6章 「生活」をシンプルに

第7章 「着る」をシンプルに

第8章 持たない暮らしをしてみたら

第1章

思考をシンプルに

001 ミニマムライフで決断が早くなる

ミニマムライフを心がけてきて、一番良かったことは「決断が早くなったこと」です。なぜ、今ミニマムライフが必要だと感じるのでしょうか。それは世の中に「魅力的な物」が多すぎるからです。

一歩街に出れば、センスの良いディスプレイがあふれ、買い物に行けば、食品も服も靴もアクセサリーもバッグも、デジタル小物も家電も、「魅力的な物」であふれています。

そして、これらが家から一歩も出なくても通販で簡単に手に入ってしまいます。選択肢がありすぎるのです。セールストークはもちろん、自分でも「素敵！」「便利そうかも！」と素直に受け入れてしまうと、家の中も財布の中身もとんでもないことになります。

だからこそ、「選ぶ」ことが重要です。それがうまくいかないと、本当はたいして必要がなくても買ってしまい、お金も不足します。

「本当に必要」「本当に欲しい」物を見極める力が重要な時代です。「素敵」と感じる心は良いのですが、それを自宅に持ち込んでも良いのかどうかを判断しなくてはなりません。

たとえば、観光地で土産店に入ったとします。店内には素敵なかわいい置物が売られています。この時「かわいい」「素敵」と安易に買うのは、ちょっと待ちたいところです。

それを買ったら……。

・置く場所がある？

・置いてプラスになる？

・掃除をきちんとできる？（ホコリを払うなど）

このようなことを自問します。クリアしたら買いますが、ひとつでもイエスと言えない点があれば、購入を見送ります。「素敵」と思った物を片っ端から手に入れることは簡単です。けれども難しいのは「選んだ後」のことです。

たとえばこんなことも。私は最寄りの駅に入店しているお店では、好きな物を淡々と選んで買い物ができます。ところが、たまにデパ地下などに行くと、何を買ったら良いかわからなくなってしまうのです。選択肢が多すぎるからです。

最近は、予め下調べをして出向くことにしています。周りに多数の店がありますが、ついでに他を見て回るようなことを滅多にしなくなりました。観光地での土産店の場合はもちろん、普段の買い物についても、行き当たりばったりに、買い物をすることはほとんどなくなりました。

日常的でない物は、予めネットで下調べをして、吟味して買うことにしています。そして「迷う期間」にも期限をつけています。

以前は、新幹線の切符や、レンタカーの予約でさえ、「もっと得な方法はないか」と、延々迷い続けたものです。服を買うにしても「本当にこれでいいの？」と迷ってばかり。

その結果、かつてのデパ地下での買い物のように、「散々迷い疲れて、たいして良くもない物を適当に買って失敗」ということがよくありました。

けれども、最近は「迷う期間」を限定しています。7～8割希望をクリアしたら、GOサインを出します。迷いが長すぎることは良いことではありません。

疲れるだけで何の利益ももたらさないからです。１００％希望をクリアしなくても、7～8割希望をクリアしていれば良いのです。あとはその物の恩恵を味わうだけです。欠点のない人が存在せず、それが時に個性や魅力になるように、物も2～3割の不満足が、時に長所に変わることもあります。

そうでなくても、潔く決定して必要以上に迷わない。これによって、疲弊することも予防できます。

少々の不満足は時に許容する度量が必要です。相手が物であっても、お互いに完璧にはいかないのが当然だからです。

002
不安が現実になる確率は高くない

迷い、悩み、とまどい、生きているのですから、誰にだってマイナスの感情が起きます。でも、後に当時を振り返れば、「たいしたことではなかったな」と思えるものです。

マイナスの感情は、「実現不可能なことを可能にしたい」から生まれます。実際に「どうあがいても変えられないこと」はあります。

最近、心がけている方法はシンプルです。「あまり先のことを考えない」に尽きます。いろいろ心配をしても、現実になる確率はそうありません。さんざん不安を抱いたあげく、何も起きなかった場合は、「心配損」「不安損」です。仮に何かが起きてしまっても、その時にできることは限られています（もちろん、例外はあると思います）。

なので、「起きてから考える」「その時、できる範囲で行動、判断する」シンプルにただ、それだけです。

身近な例を挙げます。服を「季節の先取り」で早々に買うと、失敗しがちです。いざ、その季節が訪れても実際は「着る機会がない」ことがよくありました。

もっと重要なことも、同じ原則にあてはまることは多いのです。このことに気付いてからは、だいぶマイペースで暮らせるようになりました。

003

「隠れミニマリスト」の極限の財布とは

本当のミニマリストとは、案外、身近にいるものです。特徴的なのは、本人も周囲も、それとは気付いていないことです。ごく自然にミニマリストな生き方をしています。私の身近にもそんな人がいます。それは父です。

たとえば現在の父の財布は胸ポケットです。運転免許証も一緒に入れています。以前、財布を父の日にプレゼントしたことがあります。ニコニコしてとても喜んでくれました。それから数年。たまたま用事があって出かけたときに、父がお金を取り出したのは財布ではなく洋服の胸ポケットでした。

「え？　落としたりしないの？　大丈夫？」「フタがあるから大丈夫。今まで落としたことはない。出し入れも楽。身軽。結局これが一番いい」。そんな答えが父から返ってきました。

ついでに言えば、父は今時携帯電話も持っていません。年中、気ままにひとりであちこち出歩いているようですが、それでも何とかなっているようです。母は、父とは正反対の性格なので、そんな父にいつもヤキモキし、心配しています。けれども父の場合、「持たない」ことが原因で困った事態になったというのは不思議に今のところないのです（もちろん、運が良かったこともあるでしょう）。

ある日、父と母が二人で山に出かけた時のこと、うっかりガス欠を起こしてしまったそうです。周囲に民家やガソリンスタンドがなく、道の途中で車が停まってしまったため、母は非常に慌てたと言います。ところが父は慌てず静かに車を降りたそうです。そして母に「降りて後ろから車を押してくれ」と言ったそうです。母は言われたとおりに車を押し、車を安全な場所に移動したそう。そして、父が何かの作業をすると、エンジンがかかったので母はビックリしたと言います。

私は車のことは何も分かりません。けれどもとにかく一度ガス欠で停車してしまった車が、一時的にでもエンジンがかかり、山道を走り、最初のガソリンスタンドに無事たどり着き、ガソリンを補給することができたそうです。「あれにはびっくりした」と母が言っていました。

車のことには詳しくない私ですが、「そんなことはあり得ない」と思います。ガス欠ではなかったのかどうかはわかりません。けれどもこのような調子で、いざという時にはマニュアルにないアクシデントにも慌てず対応できる何かが父にはあるようです。

車のことに限らず様々な場面において、です。家の中の補修はもちろん、可能な限り自分で行います。方法が分からない時はこんな風にしているようです。たまたま近所に来ている業者さんが、休憩でたばこを吸いに外に出ている時を見はからい、話しかけて情報収集をする……。さりげなく世間話をしながら、自然な流れで「で、教えてもらいたいことがあるんだけど」と。何の業者さんなのかは、停めてある車に書いてある社名で判断しているそうです。

幼い時から父はこんな調子です。でも一切、何らかの知識があることを公言しません。ただ、家族が困っているときに、黙って静かに助け船を出すだけです。傍目には「どこにでもいる普通のおじさん」です。

現代だったら、わからないことは「グーグル先生」に質問するという人が多いでしょう。確かに「グーグル先生」は多様な疑問に答えてくれます。けれども、実際に「その道のプロ」から直接教えてもらうのとは密度が違うことでしょう。

私の場合は、何のスキルも持っていません。だから、いざというときに備えて、ある程度の持ち物を持っていなくては生活ができないのです。

真のミニマリストとは、このように意識することなく、自然に「持たない暮らし」をしているのではないかと思います。

004 今いる場所がすべてではない

私が小学生の頃、母の知人から、息子さんの不要になった本棚1本分ほどの大量の本をもらい受けたことがあります。当時は今のように通販も、中古書店も充実していなかったので、喜んで受け取りました。子供の時に接する本の量は、大人になってから自分で取捨選択するものとは違うものがあると感じます。

確か、本を頂いたのは、その息子さんが、大学に入学した頃のタイミングだったと記憶しています。息子さんですから、男の子が読む本が多かったのです。そして、大人になって気付いたのですが、著名人が「お薦めの1冊」とか、「この本で人生が変わりました」とか「子どもの頃に感銘を受けた本」などにあげる本が、当時頂いた本の中に含まれていることがよくありました。「あ、これ知ってる」とか「あ、これ読んだ」というものが時々ありました。

たとえば、その中の一冊『ツタンカーメン王のひみつ』。エジプト学者の吉村作治氏が、これを読んだのをきっかけに学者になったらしいです。数年前訪れた、博物館のエジプト展にこの本が展示してありました。

というわけで、かなり良いセレクトの本を幸運にも幼い頃に読む機会に恵まれたようです。当時はネットもありません。私の小学生の頃はビデオですらまだありません。そこで暇な時間には、よくネットサーフィンならぬ図鑑サーフィンなどをすることもありました。

余分な物は持たない主義で、使わない物はすぐ処分する母ですが、本に関しては割と寛容でした。これらの本が到着して、母はこれまで収納に使っていた場所を、急遽、本棚にチェンジしました。収納扉を開けると、すぐには読み切れないほどの本がびっしり詰まっていて、わくわくした覚えがあります。

子供の本で難しいのは選ぶことです。面白そうな本を好きに選べば良いのですが、選択肢が多すぎます。その点、私の場合は、そのような形で、良いセレクトの本に恵まれました（その割に、結果を出せていませんが）。少なくとも、「何か読みたい」と思った時に、ある程度選べるほどの本が、すぐ目の前にある状態が、大人になった今も習慣になっていると思います。

現在でも、常に読み待ちの本が何冊か待機しています。ネットの情報は、手軽ですが、余計なものも含まれています。そのため肝心な部分をくみ取るのにテクニックと能力が必要です。けれども本は、必要な部分がセレクトされ、編集されています。だから、ネット情報より無駄がなく効率が良いのです。というわけで、身近に紙の本が豊富にある方が子供に良い、と思います。

また、幼い頃に多くの本に触れる機会があるメリットのもうひとつに、「世界観が広がる」点もあります。

たとえば、子どもはしばしば窮屈に思う場面があるでしょう。楽しいこともありますが、子供は下手をすると「学校が世界のすべて」という価値観にがんじがらめになりやすいのです。

塾や習いごとなど学校以外の居場所があり、「学校が世界のすべてではない」と気が付ければ良いのです。ところが子供は純粋である分、真面目に学校が「世界のすべて」として生きてしまいやすい。けれども、何かがあっても、本を読んでいれば、「世界は広い」と精神的に余裕を持っていられます。

これは、子供に限らず会社勤めの大人でも似たようなものです。状態は同じでも、自分の受け止め方と考え方、余裕の有無で気分が全く変わります。よく、本は「目的を持って読め」と言われていますが、そういう読書もあるだろうし、それ以外の読書もあるだろうなあと思っています。

005 本はほとんど捨てたし、大半は記憶が薄れているが、何か役に立っているみたいだ

「本を読むのが好き」とはいっても、ずっと家にこもって読書だけをして過ごしているわけではありません。また、時々手持ちの本を手放すので、手元に残っている本の数はほんの少しです。すべてを保管できれば良いのですが、管理やスペースを考慮すると無理があります。

それよりも、次々と月日の流れがあり、それに伴って興味の対象が変化することもあります。そのために自分がこれまで何の本を読んだのか、それぞれがどんな内容だったのかを思い出せるわけではありません。

たまに「何かに書いてあったなあ」と調べますが、思い出せないままになって

いるものもかなりあります。では、よく覚えていないからこれらの経験はムダで意味がないのかというと、そうではありません。役立っていると思います。と言っても私は目的があって本を読むことは少なく、その時に気になったものを直感で単なる好みで読んでいます。

なので「役に立つ」の意味が一般的なものとは少し違うのですが、ずっとわからなかったことが、ある時、突然「あ、あれとこれが同じ。そうか、そういうことだったんだ」という瞬間が訪れるときがあります。このときの「あれとこれ」はたとえば10年前に読んだ何かの本と、昨年読んだ何かの本と、最近テレビで見

聞きした何かのエピソードが一本の糸になってつながって、一見何の関係もないことが関連性を持って意味のあるものへと通じる瞬間のことです。

こういうことは本を捨てて手元になく、何で読んだのかメモをしていなくても可能です。このような瞬間こそ、本当に大事なものとは「物」で保管する必要もなく、「物」がなくなっても自分の中から消えてなくなることはないのだと痛感して、喜びを感じる瞬間です。

006

一番丁寧な年賀状

知人から届く年賀状は毎年ずっと手書きです。表も裏も……です。特に凝ったデザインでもなく、文字だけの年賀状です。以前は「今時すべて手書き?」なんて不謹慎ながら思っていました。

けれども最近になって気付きました。手書きにすれば用意する物は年賀状と一本のペンだけです。印刷する手間やパソコン、プリンター、インク自体も必要ありません（知人はパソコンを持っているようです）。

手書きは時間がかかりますが、早めに書き始めて少しずつ準備すれば良いことです。何よりすべてが手書きという年賀状は今の時代において、心のこもった大変貴重なものです。どんなに手の込んだものでも印刷は手書きにかないません。

目先の形だけの格好良さ、流行にとらわれず、年賀状と、一本のペンで淡々と手書きの年賀状を毎年書き続ける知人こそ本来あるべき姿なのだと今さら気付きました。

007

新製品缶ジュースは迷わず買う

「買いたい」思いが起きたら、素直にその気持ちを受け止めれば良いです。確かに、過剰で無駄のある買い方は好ましくありません。けれども、本当に必要な物ならば、その気持ちを受け入れることは必要です。

物を減らしていくと、いつのまにか「買いたい物」が激減します。たとえば観光地に行ってもむやみに物を買わなくなります。バーゲン時期にも行く必要性を感じなくなります。それは、「余分な物を増やさない」という面では良い傾向です。

けれども、反面、「買う」ことに対して罪悪感を抱きすぎてはいないでしょうか。確かに極端な買い物の仕方ならば注意しなくてはいけないでしょう。けれども、そうでないならば、前向きに「買う」ことを楽しんだ方が良いですね。

そもそも「買う」ことは狩りでいうところの獲物です。また、別の物を買うことで新たな可能性を無意識に見いだそうとしているのです。これは太古の時代でいえば、もっと条件の良い場所を求めているような状態です。今は未開の地にもっと条件の良い場所を求めて探し回ることは必要ありません。けれども私たちの中には、そうした時代の名残があるのでしょう。

以前、何かで読んだ本によると、コンビニで新商品のチェックをついついしてしまうのは、そうした時代の名残だそうです。そういえば私は、自販機で目新しい飲み物を発見すると、気になって買ってしまいます。定番の確実に安定している物を買えば、失敗はありません。新商品の飲み物は、おいしいかもしれないけれど、まずい可能性も秘めています。

そういうとき、私は目新しい飲み物を買う誘惑に勝てません。残念ながら、定番品の味を上回ることは少ないようです。それでも懲りずに、また目新しいものを見つけると、ついそのボタンを押しています。安定した飲み物を選べば、想定外のことは起きません。味は知っているし確実です。新製品は失敗する可能性があります。けれども定番品よりおいしい可能性はあります。飲み物は、価格が安いです。仮に失敗しても150円です。そのくらいのチャレンジを避けていてはこの先、何の改善の可能性もありません。失敗するかもしれないけれど、おなかを壊すわけでもありません。未知の新製品の飲み物にチャレンジすることはリスクがあります。けれどもリスクの覚悟がなくては今より良くなる機会まで失うことにもつながります。

私の場合、消耗品や日用品は定番品を買います。矛盾すると思われるかもしれません。その辺のバランスは、「安定」を求める品と「開拓」を求める品とに二分すれば良いのです。消耗品には安定を求めます。滅多に他の品を試すことはしません。それができるのは実はこれまで「新製品の自販機の飲み物にチャレンジ」と同様の失敗を繰り返したからです。

結婚後、様々な品を試した結果です。散々失敗をしたからこそ、現在は定番品を決めることができるのです。はじめから安定を選ぶことは安全ですが、それでも物事に100%確実なことはありません。どんなことでもリスクがあります。失敗したと、気付いた直後はショックです。でも、裏を返せば失敗の程度が大きければ後に「あの状況よりずっとマシ」と楽観視できるようになったりもします。また時が過ぎればネタとして笑って話せるようにもなります。自販機のジュースレベルの失敗ならば、まさにネタの宝庫です。

008 何もない場所でも確実に生活することができる人とは

玄関のドアクローザーからネジがひとつだけ落ちたことがあります。ドライバーで締め直せば良いと思いましたが、なぜか戻りません。たかがドアクローザーから落下した小さいネジ1本がなぜ締め直せないのか、そんな些細なことがわからないのです。

暮らしの中で、こういう些細な「わからないこと」は山ほど不定期に現れます。結婚前、実家に暮らしていたころ、家の中のそのような小さなアクシデントは、いつのまにか両親が解決していました。そのため、暮らしの小さなアクシデントに焦ることは、ほとんど経験がありませんでした。

最近はパソコンやスマホなどを活用しているので、わからないことはたいてい検索すると何かしらの答えが見つかります。けれども、「果たして業者さんを呼ぶようなことなのかどうか？」のレベルの「ドアクローザーから落下した小さなネジがなぜか戻らない」のように、些細でも切実な現象の解決法ほど、膨大な情報網にも答えが見つからないことは多いのです。

結局、そのときは管理会社経由で業者さんに来てもらいました。訪れた業者さんは、状況を2、3分ほど確認すると電動ドリルでネジ穴を作り直し、改めてネジを締め直して無事に完了しました。その間時間にしてわずか10分ほどでした。

状況としては、特に珍しい現象でもなんでもなく、よくあることで簡単に修理できるものでした。けれどもその程度のことすら私は自力で解決できる術（すべ）を持ち合わせていませんでした。「そんなの普通でしょう」と言う声が聞こえそうですが、そのときこう感じました。訪れた業者さんは割と年配の方で、失礼ながら「きっとパソコンとかスマホなどとは無縁の生活をしているのだろうな」と思いました。けれども、仕事だからと言えばそれまでですが、確実に私ができないことを簡単に解決できる勘と経験と技術を持っているのです。

もし、何もない場所にポンとひとりたたずむことになった場合、確実に生活することができるのは、おそらくパソコンやスマホを少し使っている私ではなく、その年配の業者さんの方だろうな、何となくそんな風に思ったのでした。

009 私たちは、学校で「片付けや物の持ち方」を習っている

「私たちは、学校で、片付けを習っていません」

しばしば、このような話を耳にすることがあります。でも、本当にそうでしょうか。確かに授業に「片付け」という時間はありません。けれども、学校は長時間を多数の人が過ごしますが、限りなくスッキリとしています。それはまさに、

学校が間接的に、適切な物の持ち方や散らからない収納方法のヒントを常に私たちに教えていた、と言えます。

学校にあれだけ多くの人がいても乱雑にならないのはなぜでしょうか。それは次のような理由です。

・私物の置き場所が各自決まっている
・備品、消耗品の置き場所が決まっている
・使った物は、その都度すぐに元の状態に戻している
・長期休暇の前には各自、私物を家に持ち帰っている
・毎日掃除をしている
・学校生活に無関係な物の持ち込みが禁止されている

これを家庭にあてはめてみます。

・家族の持ち物の置き場所を決める
・家族の共有物の置き場所を決める
・使ったら元に戻す

・定期的に持ち物の見直しをする
・毎日掃除をする
・使っていない物は家に持ち込まない、早めに処分する

どうでしょうか。このように、学校が散らからない理由をそっくり家に取り入れればスッキリ暮らせそうです。

余分な物が増えて、乱雑になるのは、

・物の置き場所が決まっていない
・使った後に元に戻さない
・持ち物の見直しをしていない
・掃除の頻度が少ない
・使っていない物をそのまま保管している

などが理由ということになります。

スッキリとしているけれど、必要な物がきちんとそろっている暮らしのヒントは、実は「習っていない」と思われている学校にあるのです。私たちは、適切な物の持ち方、収納の方法を実は学校で習ってきているのですね。物が多すぎて

「スッキリ」のイメージがわかない場合は学校の基準を思い出すと良いです。

010 安物買いの銭得

「安物買い」が楽しいです。先日、久しぶりに向かった先は、１００円ショップです。目的は、10年くらいリピートしている化粧水を買うためです。

毎年、秋の気配が始まると、それは品薄になるようです。そのため、数年前からは秋口から春先まで、こまめにチェックするようにしています。

その化粧水は、シーズンによって顔に塗るときもあれば、ボディローション代わりにもします。この化粧水はあまり話題にならないようですが、私は同じ物を長年愛用しています。特に特徴はありません。ですが逆にそれが良いのです。癖がなくて、シンプルな感触です。

最近、特に思うのは「安物買いは楽しい」ってことです。「安物買いの銭失い」なんて言葉があります。けれども安い物は、その質を見極める眼力が試されます。安い物を買った結果が成功であれば、自分の物を見る目が確かである証拠です。反対であれば、物を見る目を養う課題があるということです。

日本国内では確率的に品質の良い物は価格が高く、安い物は値段なりです。けれども１００円ショップは、妥当な品、価格に満たない品、赤字の品、が混在しています。そのため「どれでも１００円」とはいえ、実は買い方が難しい側面もあります。けれども逆に、それが面白いですね。

最近の１００円ショップは日に日に進化していると感じます。価格的に、びっくりする物が多いです。良い物が高いのは当たり前です。良くない物が安いのも当たり前です。けれども良い物が安いのはレアケースです。

とはいえ、注意も必要です。それは「とても１００円には見えない品」を見つけた時です。この場合、どんなに価格の割に物が良くても、「自分に必要でない物は買わない」ことです。特に、１００円ショップは在庫が変動するので、つい買いたい気持ちがあおられやすくなり、「本当に必要か」を見極めなくてはいけません。

このようなことから、１００円ショップの買い物は、自分の買い物の傾向が顕著に現れます。そのため、家に物を取り込む理由の判断を磨く良い機会にもなりますね。

011 ここまで来たから、「ついでに寄らない」

休日のお出かけでは「せっかく来たから、ついでにココに寄って、コレを食べて……」というスタイルがなくなりました。滅多に来ない場所でも、「ついでに」あちこち出歩いたり、いろんな物を食べに行ったりということをしなくなりました。そのほうがより楽しめるし、「良い記憶が残りやすい」と気付いたからです。

以前は旅行先でも「せっかく来たから」と、近隣の有名スポットを一カ所でも多く回ろうとしていました。同時に「せっかく来たから、何かご当地物を食べなくてはいけない」と、そんなに好きでもないメニューを食べに行くことも。さらには「何か記念になる物を」と、何か買わずにはいられませんでした。

今は違います。まず、「行く」と決めた場所に、真っ直ぐ向かいます。「食べたい」「買いたい」「寄りたい」と思えば素直に従います。けれども「せっかく来たから」という理由だけなら無理に「食べない」「買わない」「行かない」ことにしています。

思えば、以前の出歩き方は、一見無駄がないようで、実は落ち着きませんでした。結果として、今ひとつ印象が残らないまま帰路に向かうことになりました。

ところがポイントを決めて、その地点でゆっくり過ごすようにしたら、ひとつひとつが印象に残りやすくなりました。

「ついでに他の近隣スポットも見なきゃ損」の気持ちでいると、結局は今訪れている場所も、ただ駆け抜けるだけになってしまいます。

訪問しきれない場所があっても、焦らない。気にしない。「多くの場所を見たことがあるかどうかが重要ではない」そう思うようになりました。

こんな調子なので、今は帰宅時刻が早くなることがあります。帰宅してもまだ日が高いので「今日は中止」と思っていた洗濯を、その日のうちにできることもあります。このように、また日常に戻ります。「せっかく出かけたから夕方暗くなるまで、もしくは一日中出歩かないと損」という考えは処分しました。

「せっかく来たから無駄にしたくない」そんな勘違いが、反対に行動にも心にも、ゆとりをなくしていたことにようやく気付きました。

012

「目の前にない」だけの持たない暮らしから一歩抜け出す

最近は「多くを持たない」ことを心がける人が増えています。ですが、その方向性と実際の物の数は人によって違います。けれども、よくメディアで見かける

「持たない暮らし」は、単に自分の目の前に「ない」だけです。実質的には多くの物を持っています。

たとえば、古いパソコンを処分するときに、それまで蓄積されたデータを消去します。けれどもそれは、本当にそのパソコンから消滅したわけではないそうです。単に「見えない」だけで、データはパソコンに保存されているそうです。ですから、パソコンを処分するときには、ハードディスクを取り出して物理的に穴をあけるなどをしてから処分をしますよね（業者に依頼など）。

最近の「持たない暮らし」の多くも、実はそれと同じです。自分の目の前にないだけです。とすれば、本当の意味で「物が少ない暮らしをしているわけではない」そんな風に思う機会があります。

たとえば、食事の支度をするときにはガス、電気、水道を使います。家電もありますが、それには電気の存在が必要です。ガス、電気、水道の背後には、巨大なシステムの存在があります。そこには多くの人と物と場所が携わっています。

つまり、現代の「スッキリした台所」は本当の「スッキリ」とは言い切れません。見えていませんが、実は巨大なライフラインに関する「物」が使われています。

インターネットに関するものも同様です。サービスを提供するサイトがあれば、運営する企業があり関連の建物があります。小さくて便利なスマホの存在の陰には、生み出すための企業、資源、工場、物流、人、エネルギーが関わっています。目の前にある物が小さいだけです。ということは、これらも「パソコン内のデータ」と同じです。本当はたくさんの「物」を使って暮らしているのです。

また、「その都度コンビニに買いに行けば良い」というケースも同様です。自分の家には洗剤やティッシュなどのストックを持たない。そして使い切ったらコンビニに行く。そのようなスタイルを、広く俯瞰(ふかん)すると、自分の住まいには「ない」のですが、コンビニには「ある」のです。

このように、私たちは見えていない多くの物に頼って暮らしています。何を目的にするかにもよりますが、「持たない暮らし」は、「自分の家になければ良い」というだけでは単に「その場しのぎ」です。

若い世代より高齢者世代の方が「物」に執着しているかのように言われがちですが、実際はそれ以外の世代も大差ないのです。しいて言えば、違いは若い世代の方は「『目の前に』持たないスキル」が上手なのです。

もっとも、初めは「自分の家にない」だけだったことが、見える場所にないことで、自然に「意外と使わなくても大丈夫なのかも」という気付きにつながることがあります。結果として、たとえばシャンプーを使う量が減り、シャンプーそのものを使わなくなる人もいます。

服についても同じです。初めは「とりあえず着ない服は見えない場所に分けておく」だけだったことが「なくても大丈夫だった」と気が付くことで、「たくさんの服はなくても暮らせる」と気付きます。

つまり、初めは「持たない練習」のようであったことが、次第に本当に必要ではなくなっていくことがあります。ですから、若い世代の『目の前に』持たないスキル」でも、意義はあります。

最終的に、「持たない暮らし」は単に「目の前にない」状態から、「そもそも必要ない」もしくは「少しでも間に合う」ところに近づけることが必要なのではないでしょうか。そうすれば、過剰に資源やエネルギーを使いすぎないことにもつながります。

013
「喜びの沸点」を低くする

幸せそうに暮らしている人には、共通点があると気が付きます。それは「喜びの沸点が低い」ことです。普通の人が見逃してしまうようなこと、一見、退屈で何の変化もないように見える小さなことに喜びを見いだせる能力が非常に高いのです。

ところがそうした人たちはしばしば「上昇志向がない」「覇気がない」等のように誤解されがちです。けれども、いろんなタイプの人がいるから「知恵」を出せるのです。高度成長時代の日本においては、おそらく、そのようなタイプの人は軽視されてきたことでしょう。しかし、最近はそのような感性を時代が求めているのではないでしょうか。いわゆる「喜びの沸点が低い」人です。こうした人は、小さな変化に敏感です。そのため、世間一般の人たちが群がるような流行り物、刺激的なことに興味を持ちません。そのかわり普通の人が気付かない喜びを見つけることが非常に上手です。

多くの人が求めてきた（一般的な）物に頼らなくても、楽しみを見いだす日常を生きています。このような人は、「退屈」を知りません。一見、のんびり過ごしているように見えますが実は、その人の心中は、毎日が非常に忙しいのです。常に周囲が変化の連続で、驚きと喜びの繰り返しに囲まれているからです。

その要因は、生まれ持っての感性の高さだけではありません。たいていは、子供の頃には誰もが持っていた感覚が、いつのまにか消え失せて、再び加齢とともに原点に戻れる感覚もあります。しかし、それだけではないのです。

それは知識です。知識は喜びの沸点を低くすることに大いに貢献します。もちろん、知識がなくても感性だけで幼い子供のように喜びを感じることはできます。けれどもそれと同じくらいに、場合によってはそれ以上に、人間だけが持っている後天的に得た知識が、「喜びの沸点」を限りなく低くしていきます。

それは同時に、退屈知らずの日常を作り上げます。たとえば、水族館に出向いたとき、私はせいぜい魚の名前を知り、「何となく癒される」と眺めるに過ぎません。ところが、あの「さかなクン」さんは、魚に対する知識が膨大なので、魚を見ると非常に嬉しそうです。

膨大な知識があるために、水族館の光景を同じように見ても、感じられる喜びが何倍も違うのでしょう。もちろん、もともとは「魚が好き」という思いが原点にあります。とはいえ、単に「好き」だけの場合よりも膨大な知識があることで何気ない光景を見ても感じること、考えること、発見、喜びが何倍も違うのだと思います。

「知識」は時に、公開の仕方を間違えると嫌われます。けれども皮肉なことに、人は「知識」を必要とします。

日常の「楽しみ」として使用される知識は、「無駄」と言われることがあります。けれども、実は、無駄こそが楽しみであり、人間だけの特権なのです。

幼い子供は、知っている単語が少ないので自分の気持ちを上手に表現できません。そのために時にはかんしゃくを起こす子供もいます。けれども単語を習得するに従って、自分の気持ちを表現できるようになると次第に落ち着きを見せるようになります。つまり、知識のストックは、心の安定にも一役買います。

人は、感情が先にあり、後に言葉で表現すると思われています。ですが結局、人は言葉で思考します。そのため、単語のストックが少ないと、思考も粗いものにならざるを得ないのです。つまり言葉のストックが多いほどに、自分の細やかな心情の置き換えが可能になります。そのため、冷静になれるのです。

その辺を散歩していても、同様の現象が起きます。もちろん歩くだけで気分が爽快ですが、それ以上に知識を持ち合わせること、興味を持つことで、何気ない景色が「面白いテーマパーク」に変貌します。

このように、喜びの沸点を限りなく低くすれば、他人と比較して自分の身を一喜一憂するようなことには一切興味がなくなります。

そして、常日頃、たいしてお金をかけなくても、退屈することが全くあり得ないことになります。客観的に見ると、おそらく「暇そう」に見えますが、このような人の内面は実は非常に忙しいのです。そしてその「忙しさ」とは、あくまで喜びと楽しみを伴うものであるという点が最大のポイントです。

日常のすべてにおいて同じことが言えます。喜びの沸点を低くすることは、限界がありません。無限です。

014

地図ナビ、路線検索アプリは最終手段

地図ナビや路線検索アプリを使うのは最終手段です。その方が迷いません。さらに他の選択肢などを素早く判断できます。何度か繰り返すと、普段、利用しない場所でも迷いにくくなります。仮に迷ったとしても素早く判断できます。そして、何より面白いです。

子供は、迷路やスタンプラリーが好きです。我が子が成長してしまうと、そういうものとは無縁と思い、興味も抱きませんでした。ところが最近、地図ナビや路線検索アプリを使うのをやめてみると、ずっと便利に暮らせると気付きました。何より迷路やスタンプラリーのようで「面白い」のです。さらに面白いだけではなくて、もっと利便性の良いルートに気付ける確率がずっと高いのです。

現在、初めて行くエリアは事前に地図を眺めます。必ず地図をコピーもして、持参します。路線図は常に定期入れに折りたたんで携帯しています。出かける前にアプリを開かずに地図と路線図を眺めて乗り換えと道筋を決めます。

するとアプリでは表示されなかった、もっと利便性の良いルートに気付くことがしばしばあります。アプリではは検索窓に入力したものしか結果が出ません。つまり自分が気付かないものはアプリも気付かないのです。アプリは万能と思っているかもしれませんが、実はそうではありません。まだまだ人間の気付きの方が深いのです。

皆さんも経験があると思いますが、検索の仕方が良くないと、笑ってしまうようなあり得ない遠回りのルートが表示されることがあります。

それは極端な例ですが、反対に、実は一駅先まで行けば、スムーズに移動できることもあります。駅を出てから少しだけ歩くものの、駅構内や地下通路を歩かなくて良い分、トータルではかえって楽なこともあります。こういうことはアプリだけを利用していると気付くことができません。

その日の時間的余裕などを考慮しながら、試験的に新たなルートで移動してみたりもします。地図と路線図を見る限りでは効率が良さそうでも、地下通路や駅構内の移動時間の程度は行ってみないとわからないことがあります。

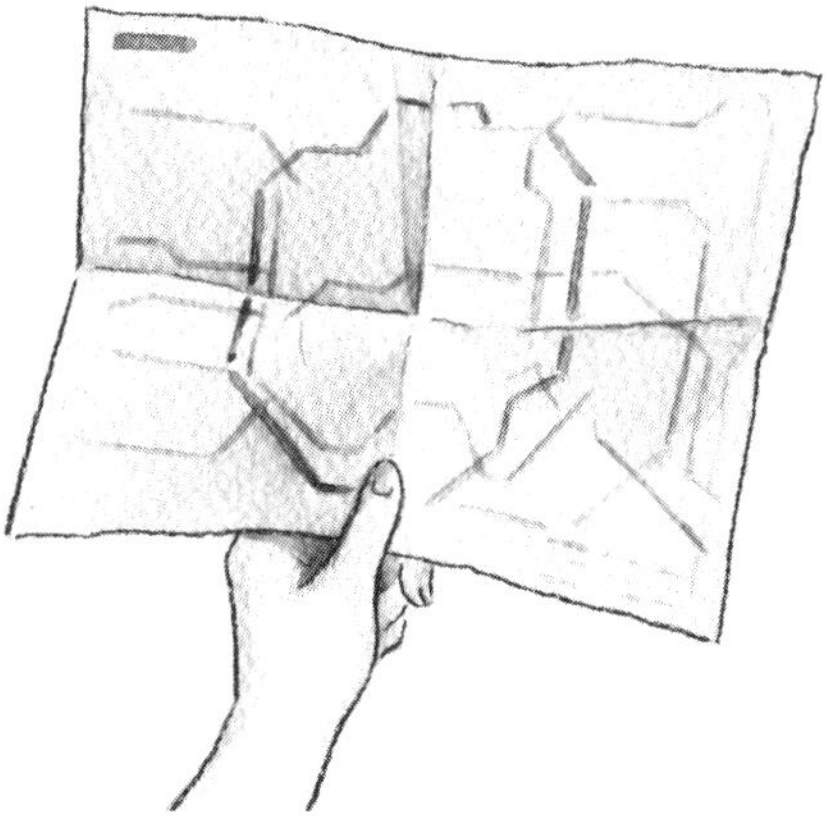

また、トイレに行くタイミングや、混雑の具合など、様々な要件を総合的に判断してどれが最善か、と考えるのはある意味ゲームとも言えます。

このように、面白くゲーム感覚で楽しめて選択と工夫の余地があるものを、アプリにゆだねてしまうのはもったいないことです。それからアプリはピンポイント的な情報には強いですが、全体を広く俯瞰することには弱いと感じることが多いです。

自分が人間として持っている能力を失わないように活用することは、一見平凡な日常に活力を与えます。そして判断を他者任せにせず、自分で判断する訓練になります。

アプリは「このように進めば良いですよ」と提案してくれます。けれども、それが本当に正しいかどうかの最終判断は自分で確認しつつ判断することが大事です。常にアプリの指示待ちをすることが普通になってしまうと、効率が良くない指示にも疑いを持たずに従うだけになってしまいます。アプリは補佐的に使うものです。主体はあくまで人であるべきです。

015 「過剰」の見直しで「困った」を解決

たとえば年末年始は体重が増えやすいですね。クリスマスから引き続き、ごちそうを食べる機会が多いからです。また、寒いので外に出る機会も減りがちです。

一度体重が増えてしまうと戻すのは大変です。できればその都度、増えないように調整するほうが楽です。その方法は実は簡単です。お金も手間も要りません。その方法とは「一時的に朝食を食べない」、それだけです。昼食や夕食を食べないと、周囲に目立ってしまい余計な質問をされる恐れもあります。けれども朝なら目立ちません。

できれば太ったらすぐにわかるようにするのが良いです。たとえば、ぴったりサイズのジーンズなどを穿(は)いているとすぐに気付きます。「太ったな」と思ったら、ご飯を半分にしたり、餅を食べることを控えたりするのが良いです。食べることはできているので、大きなストレスにもなりません。

「太る」とは、何かが過剰になっているという証(あかし)です。これは何も体型に限ったことではありません。家の中にある物、スケジュール的なこと、金銭的なこと（お金を過剰に使いすぎて不足した結果、不都合が出ること）、人間関係などすべてに言えることです。

多くの場合、「困った」ことを解決するには、過剰になっている何かを見直すことで改善します。たとえば次のようにです。

・身体が太ってしまった……食べる量が過剰
・家に物があふれている……物が過剰

・スケジュールが過密で忙しい……予定が過剰
・お金が足りない……支出が過剰
・人間関係の悩みが絶えない……無理な人付き合いが過剰

物事の悩みの原因は、実はシンプルです。ところが私たちは、しばしばその現実に目を向けずに何とかしようと思いがちです。だからこそ物事は複雑化して、より混乱します。

たとえば体型に関しては、過剰な食事を控えることが根本的な解決方法です。そして、健康的に戻すには時間と根気が必要です。ところが本質に目を向けず、突然、極端に食事を減らしたり、ダイエット食品、ダイエットグッズなどで何とかしようと思いがちです。そうすると、より事態が複雑になります。本当は、一回あたりの食事を見直すことが不可欠ですが、短期間でラクしてなんとかしようと思うから、難しくなるのです。

家に物があふれた場合も同じです。差しあたり、収納グッズを買い込んでも、物が移動するだけで解決にはなりません。本当は過剰な物を何とかすることが正しい解決方法です。ところが真実に目を向けたくないがために、現状を維持しつつ、何とかしようと思うから片付けも難しいことへと変貌するのです。

スケジュールが過密な場合も同様です。一人でこなせる量には誰しも限界があります。この場合は自分一人で何もかも背負ってはいないかを見直します。自分が無理をしているケースと、他者に任せることができない性分であるケースの2パターンあります。いずれの場合も、忙しさに限界を感じているのであれば、スケジュールそのものを減らすか、無理な場合は他者に協力を願うことが必要です。

お金に関しては、収入以上の支出をすれば、当然不足します。この場合、「お金がないと思われたくない」という見栄が予想外の支出を生み出すことがあります。また、特に散財していなくても不足する場合は、どうでもいいものにお金を使っていないかをよく見直しましょう。

人間関係の悩みにおいては、逃れることができない関係においての悩みが深刻でしょう。この場合は、無理に好かれようと思わないこと、です。同時に、最低限のマナーだけは厳守することです。これだけをクリアしたら、可能な範囲で距離を置くこと、これに尽きます。しばしばありがちなのは「他人の悪口を聞かされて、黙って適当にうなずいていたら、私がそう言ったことにされた」などというものです。こういうタイプの方と対話する場合、誰かの悪口が始まったら、退散が一番です。無理な場合は悪口の相手を過剰なくらいに褒めまくることです。そうすれば「同調していた」ということにはなりませんし、「この人は悪口を聞いてくれない人」と思われ、次第にその手の話もされなくなります。

いずれにしても、誰かの反応に合わせているうちは、本意でない物や出来事が多くなります。相手の価値観、世間の価値観に合わせていると、自分の本心とは違う物や出来事が多くなります。

もちろん、他者という存在は大切です。気の合う人、合わない人いろんな価値観があるから世の中がうまく回っています。ですから、他者の価値観を否定するものではありません。ですが、個人的な分野にそれをあまりに反映させてしまうと、時に物も心も自分の物ではないように翻弄されてしまいます。その辺の加減を上手に見極めていくことが、自分にとっての「過剰」をうまくより分けていくことにつながります。

第2章

家事をシンプルに

016

苦手な家事は時間を計る

どうしてもモチベーションが上がらない家事ってありませんか。私の場合、それはアイロンがけです。これまで道具に凝ってみたり、毎日やってみたり、まとめてみたりと、いろいろ工夫してきました。けれどもやっぱり気が進みにくいのです。

それでも、シワシワのワイシャツを夫に着せるわけにはいきません。そこで、週に一回、まとめてアイロンがけを行うことにしています。先日、ふと思い出して久しぶりにアイロンをかけるのにかかった時間を計ってみました。

・ワイシャツを5〜6枚
・ハンカチを5〜6枚

のアイロンがけをしました。

キッチンタイマーで時間を計ってみると、だいたい15分くらいで終了していいました。意外と時間がかからないことに気付きました。「アイロンをかけないと」と思うと気が重いのですが、「15分でできるから、この隙にアイロンをかけてしまおう」と思えばやる気が出るように思えました。

以前も、各家事の時間を計ってみたことがあります。そのときにも、各家事は実はたいした時間がかかっていないことに小さな驚きを覚えた記憶があります。

たとえば「掃除機をかける」と思うと何となく億劫（おっくう）になります。ところが、かかる時間を把握しておけば、「掃除しよう」よりも「7分間、掃除機をかける」となり、ゴールが遠くないことをイメージできるのでやる気になれます。

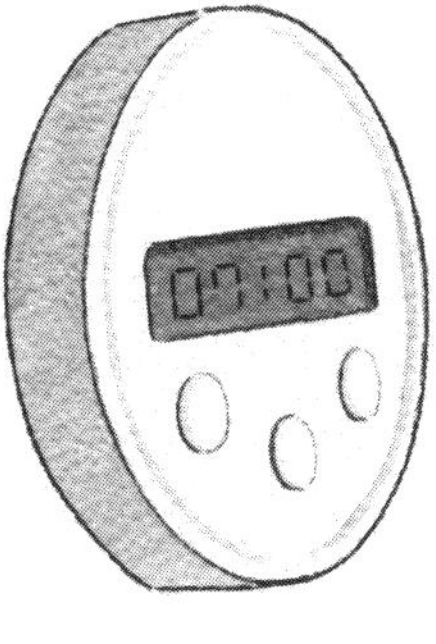

漠然としてはっきりしないことをモヤモヤと悩むより、数字に置き換えるなど、客観視することで具体的な行動のイメージがつきやすくなる効果があります。「家事のモチベーションをアップする」では漠然としすぎています。うっかりすると「やる気が出ない自分が悪い」と、精神論に走ってしまいそうです。そうではなく、シンプルに現実に目を向けることがコツです。「モチベーションアップ」とモヤモヤしている間に「5分間だけ始めてみよう」とか、「10分間、できることをやってみよう」と具体的にゴールを決める方法が効果的です。

017 時に優先順位の低い家事から始めてみる

たまには優先順位の低い家事からスタートしてみませんか。すると、目先が変わって「やる気」が出ることがあります。

効率よく家事をこなすコツは「優先順位を意識する」ことが重要と言われています。確かに「家族の朝食を作らずに掃除をする」のは妙な行動です。けれども、優先順位を意識すると、どうしても毎日の行動が同じになります。その家事自体が苦手なわけではないのです。ところが同じ手順の繰り返しが気分的にマンネリ化を生み出します。

それを解消するために、時には優先順位の低い家事を先に行えば良いのです。けれども先に書いたように家族に食事を出さず掃除を優先するわけにはいきませんが、方法はあります。「15分早く起きる」などです。15分早く起きて優先順位の低い家事を行います。たとえば片付け作業などです。本来、片付けは朝早く起きて行う種類のものではありません。しかし、普段「優先順位の高い家事」を行うことで「やってもやらなくてもすぐに支障が出ない家事」が延々と後回しになります。昨今、物が増えて整理が行き届かず、困っている人が増えているのは、「今すぐに困るわけではない片付け、物の処分、見直し」が「優先順位や緊急性が低い家事」として延々と後回しにされた結果です。

優先順位の高い家事は、嫌でもこなさなくてはいけません。さらに優遇されます。ところが、優先順位の低い家事は優先順位の高い家事をこなすだけで精一杯で、そのために実行されにくくなります。

たとえば掃除機をかけることは優先順位が高いと思いますよね。けれどもサッシの桟（さん）を掃除することは優先順位が低いとみなされています。そのため、普段は掃除機を先にかけて、サッシの桟は気が向いたときや、大掃除の時、などに行っていたでしょうが、これを少し変えてみます。サッシの桟の掃除を、掃除機をかけるより先に行ってみるのです。すると、目立たない場所なのにスッキリ爽快な気分になります。その後は自然と「掃除機もかけよう」という気になります。

世の中にも一見優先順位が低いように思えて、不思議に消えないものがあります。たとえば絵画、音楽、小説、映画などです。これらのものは直接生きていくことに不可欠なものではありません。ところが、昔から私たちの周辺から姿を消したことがありません。優先順位が低いにもかかわらず、常に私たちの周りに存在して、影響を与え続けています。

このように、優先順位が低いとみなしていたものが、実は存在や影響が大きいこともあります。それは日常の小さな家事でも同じです。

018

朝一番に「やかん」で湯を沸かしてフットワークを軽く

「やかんに水を入れて湯を沸かす」、朝、台所に来て、最初にすることです。ステンレス製の笛吹きで、2・2リットル容量のタイプを使っています。湯を沸かしたら、1リットル容量の保温ポット2個にそれぞれ湯を入れてフタをします。

朝、最初に湯を沸かしておくと、後の調理や洗い物のフットワークがとても楽です。たとえば、台所に来た時点では朝食のメニューが何も決まっていません。寝起きで多少、頭もボーッとしています。それでも、とりあえず「やかんに水を入れて湯を沸かす」ことを半自動的に行います。

そのうち何を作るか決まったとしても、熱湯を使う確率は高いのです。「みそ汁」「野菜を茹でる」「生ものをカットしたまな板や包丁に熱湯をかける」などなど。そんなとき、「作ろう」「使おう」と思ってから湯を沸かすのでは遅いですね。けれども予めポットに熱湯が入っていれば、様々な用途に使い回しが利きます。

ポットに用意した湯は、熱湯を回しかけて消毒したり、油っぽい食器や鍋の汚れに湯を回しかけることで、洗剤に頼りすぎずに汚れを落とすなどの補佐的な役割も果たします。

また、食後のコーヒーやお茶も、すぐに飲むことができます。朝、ぬるま湯を飲む場合にも使えます。

朝だけではありません。日中、夜間も保温ポットにお湯を入れてあります。そのため、夜中に水を飲みに起きても冷たい水を飲まずに済みます。

019 家庭のおにぎりより、コンビニおにぎりが食べやすい理由

大きいおにぎりは、家族に「たくさん食べてもらいたい」という気持ちがこもっています。けれども、それぞれの本心は、「コンビニおにぎりの方が食べやすい」、そんな風に思ったことがありませんか？

実は家庭のおにぎりは、コンビニおにぎりよりも、ご飯の量が多く大きめの傾

向があります。そしてギュッと握りすぎている傾向もあります。そのために、米粒が圧縮されて食感が良くなかったり、量が多すぎて「食べにくい」と感じることがあるんですね。

このことに気付いて以来、おにぎりは小さめのサイズで、そしてギュッと握りすぎずに作ることにしました。また、あえて海苔を巻かないようにすることもあります。

小さめのサイズのおにぎりは食べる量を調整しやすいのです。同時に複数の種類がある場合も、一度にいろんな味を楽しめます。大きめサイズのおにぎりは食べている途中に崩れることがあります。けれども、小さめのサイズなら崩れにくいのです。

おにぎりをピクニックのように、堂々と食べる場面ばかりではないこともあります。短時間の隙間にサササッと食べなくてはいけないこともあるかと思います。そんなときに、大きいおにぎりでは食べている様子が目立ちます。けれども小さい物なら目立ちません。

海苔付きのおにぎりは美味しいです。良い香りなのですが、においがします。

そのため「いかにも」という様子が垣間見えます。レジャーなど、堂々と食べられる場面では海苔付きが断然良いです。けれどもちょっとした隙間時間にササッと食べたいときに持っていくならば海苔を巻かないほうがにおいがしないので気兼ねが要りません。

また、大きいおにぎりは、途中で満腹になったり、時間がなくなったりしてやむなく中断しなくてはいけないことがあります。自分の食べかけとはいえ、半端なものを後から食べるのはあまり気分が良くありません。けれども小さめのサイズならば、1個を食べる時間もお腹に入る量も少しです。そのため、食べかけを作らなくて済みます。

自分で作るおにぎりよりも、コンビニおにぎりの方が食べやすい理由の一つはサイズにあったのです。「普通、自分で作るおにぎりは1個も食べれば十分、けれどもなぜかコンビニおにぎりは2個くらい余裕で食べられる。どうして？」そんな風に思ったことがありませんか？ それはコンビニおにぎりは1個のサイズが小さく、ギュッと圧縮されていないから。1個あたりのご飯の量が少ないのです。けれども見た目は小さく見えません。だからコンビニおにぎりはすぐにお腹が空くのです。

これからはぜひ、一回り小さめの、おにぎりを作ってみませんか？「大きめおにぎりを1個よりも、小さめおにぎりを2個」、または「大きめおにぎりを2個よりも小さめおにぎりを3個」、というようにすると良いですよ。

020

「鍋」はミニトングとミニトレイを活用

クリスマスや年末年始には、家族や友人知人、親戚などで鍋を囲む機会も増えます。そのとき、各自が鍋から具材を取るときに箸では取りにくくてちょっと苦心することがあります。

そんなときに重宝するのは「トング」です。ただし、普段、台所で料理用に使っているトングでは食卓で扱いにくいことがあります。

そこで我が家で愛用しているのはこんなトングです。

サイズはボールペンより少し長いくらい、具体的には19センチの長さがあります。そして、直接下に付かないための突起があります。

また、台所用のトングの場合は、トングが開かないようにするための金属の輪が付いていますが、これにはありません。

食卓で使うには短かすぎず、長すぎず、ちょうど良い感じです。

そしてもうひとつ、鍋の時には、トングをはじめ、他の細々とした物の置き場所に困りませんか？　でもテーブルに直接置きたくないですよね。

鍋の時には食卓のスペースに余裕がなくなります。そのため普通サイズのトレイを置くことができません。そこで我が家で代用しているのが１００円ショップのミニトレイです。

この上に置き場所に困る細々した物を置いてしまいます。そうすると、テーブルが汚れないし、後片付けもラクです。

実はこのミニトレイ、普段はコーヒーやお茶の入ったマグカップや、ちょっとしたお菓子などを置く場所に使っています。マグカップをテーブルに直（じか）に置くと輪染みができたりしますよね。それを予防するためです（我が家ではテーブルに直接飲み物を置くことを禁止しています）。

そしてこのトレイは「滑りにくいミニトレイ」なのです。そのため、片付けるときにマグカップが滑り落ちる心配がありません。

うっかりカップを倒しても全部こぼれることもありませんので、パソコンの近くに置くときにもこのミニトレイをスタンバイさせています。

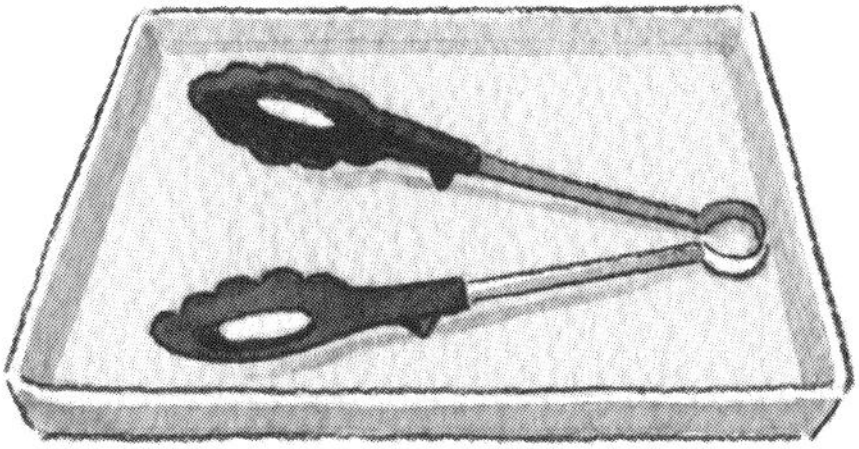

021 トレイ活用で主婦の手間をミニマム化する

我が家の食卓に欠かせないのはトレイです。一人につき1枚ずつあります。これがあると食卓の準備と後片付けのラクさが全然違うのです。

トレイを使っていなかった頃、食卓の用意、後片付けではこんな困りごとがありました。配膳用の大きいお盆を使って、台所から食卓に料理を運んでいました。食卓に着いたら、また並べます。二度手間でした。そして食べ終わったらまた台所に戻します。そのあと、テーブルには料理の汚れがついているのは当たり前でした。片付けが終わったらテーブルを入念に拭く作業も必要でした。

けれども、ある時考えました。手間なく、家族にも負担がなくテーブルを汚さないためにどうすれば良いかと。それで思いついたのはセルフサービス方式です。学校給食の光景を思い出しました。

セルフサービスに必要なのは一人1枚ずつのトレイです。各自が自分の分を乗せて食卓に着きます。そして食べ終えたら、そのままトレイごと持って台所に行き、シンクに食器を片付けます。各自、トレイは軽く拭くか、サッと洗って定位置に戻してもらいます。こうすれば、食卓のテーブルが料理で汚れることは滅多にありません。また、私が何度も料理の配膳のために往復しなくて済みます。

トレイの上で食事をすると、うっかり汁物をこぼしても安全です。テーブルから流れ落ちずに、とどまってくれます。熱い汁物の時、やけどを回避できたこともあります（そのかわりトレイごと落下する危険には、十分注意してください）。

トレイがない場合、食べ終わった食器を戻す時に、たいていはある程度食器を重ねます。重ねることで食器の外側がより汚れてしまい、洗い物の手間を増やすことになります。もちろん食器の外側は必ず洗うものですが、汚れがついている場合とそうでない場合とでは手間が違ってきます。

トレイを選ぶにあたってはまず、実際に普段、食器を並べる様子を再現してみました。そして想定するトレイの面積をメジャーで測りました。サイズは縦、横、それぞれ最低何センチ以上、何センチ未満という要領で、許容できるサイズの範囲を決めました。次は形状です。角がなく、丸くなっている物を探しました。理

由は、角があると隅に汚れがたまりやすいからです。それから色を決めました。色は、妥協して良い色の候補をいくつか決めました。白、ベージュ、黒、茶の無地としました。素材はプラスチックとしました。木製は重く、頻繁に水洗いするのに適さないからです。できれば滑り止め加工している物を理想としました。

近所のスーパーで、運良く半額の品の中に、条件に合う物を発見しました。サイズはクリア、素材もクリア、角がなく丸みがある形でクリア（長方形です）、木目の茶色系でクリア、滑り止め加工でクリア、半額なので価格もクリアです。

という経緯で、現在家族の人数分のトレ

イ3枚を5年ほど使い続けています。家族のセルフサービス化もほぼ定着しています。朝は夫と子供のトレイにそれぞれ、おかずを盛り付けたお皿を乗せて、空のお椀、茶碗、箸をセットしておきます。あとはそれぞれ各自が茶碗にご飯、お椀にみそ汁を盛って食卓に移動して食べます。食べ終わったらトレイごと台所に戻し、食器はシンクの中に置いてもらいます。あとは私がまとめて食器洗いと片付けをします。麺類など、汁が跳ねるようなメニュー以外はテーブルが汚れることもなく快適です。

022 夏は食事作りがツライ……そんなときの救世主が実は煮物と汁物

夏は食事作りのモチベーションが下がります。できれば何にもしたくありません。けれども主婦はそういかないのが辛いところです。けれども、こういう時期に楽で効率が良いのは実は煮物、汁物なのだということに最近気付きました。

炒め物や揚げ物はその都度、調理法や段取りを考えなくてはいけません。調理中はつきっきりなので、暑いです。ところが煮物、汁物は家庭用レベルならば、あまり頭を使わずにボケッとしながらでも手をかけた風の物が簡単に出来上がります。

・具材のカット↓鍋に入れて煮る↓味付け

の手間はほぼ同じなので、頭を使わずに済みます。けれども具材と味付けがその都度変わるので手間が同じ印象にはなりません。たとえば豚汁の場合、必ずしもゴボウを入れる必要はありません。サトイモやじゃがいもを必ず入れる必要もありません。適当に冷蔵庫にあるものを食べやすい大きさにカットして、どんどん鍋に入れて煮るだけです。仕上げに味付けすれば完成します。

別の具でも似たような具でも良いのですが、またまた適当にあるものを鍋に投入して、トマト水煮缶等を入れればイタリアンっぽくなります。コンソメを入れた味付けにしたり、しょうゆ風味にしたり、塩メインなら鶏肉がよく合います。

適当に具材になるものをひたすらカットして鍋に入れて煮る↓味付けする。それだけです。手抜きに見せないためには、ネギとかミョウガとか、シソとかパセリとかを最後にトッピングすることです。煮物はとにかく具材さえ切ってしまえば、あとは火の側につきっきりでなくて良いので暑くありません。

暑い日には「冷たくさっぱりしたものを食べたい」と思うかもしれません。けれども、暑い日は冷房にあたる機会が多く、想像以上に身体が冷えています。同時に汗をかくのでミネラル分が失われやすくなっています。そのため、暑い日にこそ、温かい煮物や汁物が身体を休めてくれます。

また、冷たい物の場合、いったん加熱したとしても食べる直前に加熱しませんので保存状態に気を使います。ところが煮物、汁物は、作るときはもちろん、食べる直前にもう一度加熱します。そのため梅雨時や夏場で食べ物が傷みやすい時期でも、比較的安心して口にすることができます。

また、夏場は日が長くなり帰宅が遅くなりがちです。家族がそれぞれ時間差で帰宅すると、その都度の食事の用意は大変です。ところが煮物、汁物は簡単です。温め直すだけだからです。ただし、私は基本的に作り置きの料理が苦手です。そのため、使いまわしは夜に作ったら、翌朝までが限度です。

とはいえ、少し量を多めにして具を複数入れれば、多くの品数のおかずも不要です。それに、いかにも家庭料理という印象が出ます。洗い物も少なくて済みます。夜に作った物をいったん冷まして、鍋ごと冷蔵庫に入れておけば翌朝も食べることができて便利です。それ以外のメニューの場合「何を作ろう」と考えるのも結構大変です。けれども鍋に具を適当にカットしてその時の気分で味付けを変えるだけで、手間は同じで何も考えずに済むのに見た目は違う、ほっこりメニューが完成します。

夏こそ温かい煮物や汁物系がお薦めです。メニューに悩まず、冷蔵庫の材料も無駄になりにくいです。

023 消耗品を定番化するメリット

洗濯洗剤、シャンプー、リンス、トイレットペーパーなど……それから調味料も消耗品の一種と言えるでしょう。

気が付けば、これらの買い物に翻弄されていないでしょうか。これらにわずらわされず、必要な物を過不足なく保管して、なおかつ家計にも優しい買い物の方法はないのでしょうか。通常は、「もうすぐティッシュがなくなるから買い物に行かないと」とか、「しょうゆがなくなりそう」とか、年中、買い物に関することを考えなくてはいけません。

最近は、ネットスーパーや、通販がありますので、足を運ばずに買い物ができます。けれども、通販のサイトを開くと評判の良い商品が目についてしまい、気が付くといろんな商品をチェックして長時間が経過……なんて経験はないでしょうか。

私は以前、消耗品の買い物は広告や店頭で価格をチェックして、その都度お買い得な物を買うことが最善だと思っていました。

けれども、現在は違います。消耗品は、極力、いつも同じ物を買うことにしました。つまり、自分の家庭で使う物を定番化してしまうのです。

消耗品は、その都度、違うものを選んでいると、使用サイクル、ストック数、使い勝手が定まらないために、常に考えなければならず、しなくてはいけない手間が増えます。

消耗品を定番化するメリットには次のようなことがあります。

・価格チェックがいらない。
・セール品が気にならない。
・使い勝手が一定する。
・予算を立てやすい。
・収納スペースを固定できる。

このように、消耗品類について、いつも同じ物を買うようにすれば、様々なメリットがあります。「時短」や「家事の裏ワザ」のようなことをしなくても、消耗品の買い物の仕方で、無駄を省き家事を楽にすることができるのです。

もちろん、暮らしは変化しますので、当時はベストと思っていてもライフスタイルの変化で「定番品」が変わることがあります。

一見、家事そのものとは無関係に思えるかもしれません。ですが家事、家計、物の在り方、などはすべてつながりがあります。今回の方法は、直接的に物を減らすわけではありません。けれども、最終的には余分な物が家に入りにくくなります。家計的にも予算を立てやすくなります。収納スペースも固定できるので片付けもしやすくなります。

024 1週間分の野菜をまとめて下処理してラクをする

真夏の間は、ネットスーパーで1週間分をまとめ買いします。その際、買い物の手間は省(はぶ)けますが、欠点があります。それは量が多いことです。冷蔵庫に入りきらないことや、使い切れなくなるおそれがあります。特に野菜はかさばります。そのため、パッケージから出して、洗ってざっくりカットなどをしておくと、かなりカサが減ります。同時にその後の調理もスムーズになります。特に目新しい方法ではありませんが、今回は我が家の事例です。

次に挙げる野菜は、今回買ったほぼ1週間分の野菜です（家族は3人です。夫婦と子供一人、息子は夫と同じくらいの体格です）。もしかすると、途中で買い足しが必要になるかもしれませんが、とりあえず、このくらいの量を買いました（玉ねぎは家にあった物）。

・玉ねぎ2個→冷蔵庫にあった物。スライスして冷凍
・にんじん3本→皮をむいて千切り、軽く塩を振って冷蔵
・キュウリ3本→輪切りと薄切りにし、塩を振って冷蔵
・キャベツ1個→洗って、3分の1を粗い千切りにして冷蔵、3分の1をざく切りにして塩を振って冷蔵、3分の1は未処理で冷蔵
・ピーマン3個→洗って種を取りカットして冷蔵
・小松菜一束→洗って根元をカットして冷蔵
・なす→洗って水気を取り冷蔵
・しめじ→根元をカットして冷蔵
・じゃがいも一袋→洗って乾燥
・プチトマト→へたを取り、洗って水気を拭き冷蔵
・エリンギ→未処理

・トマト→未処理（そのうち、全部洗って水気を拭いておく予定）

タッパーに入れる場合は、下にキッチンペーパーを敷いています（水気を受け止めるため）。

それ以外は、ジッパー付き袋は割高なので、ポリ袋を使いました。ポリ袋はキュウリを塩もみするのにジッパー付き袋より作業しやすいです。ポリ袋に下処理野菜を入れてからタッパーに入れると汚れや色が移りにくい利点もあります。

じゃがいもは洗って表面を乾燥させておきます。洗っておくだけでも後にラクできます。

作業中は、洗った野菜を仮置きするためにシンク上の一角にフェイス

タオルを二つ折り、もしくは2枚重ねにして敷き、キッチンペーパーを重ねてその上に洗った野菜をどんどん仮置きしていきます。キャベツはザルに入れます。

半調理までできれば、もっと良いですが、洗う、カットする、乾燥、塩もみ、水気を拭いておく……だけの下処理は手間も時間もかかりませんので、気持ちの上でのハードルが低くて済みます。今回この作業をするのに要した時間はだいたい20分くらいです。

冷蔵庫がガラガラになったら、除菌ウェットティッシュで冷蔵庫内を拭き、これらの下処理野菜を入れます。そのままよりもカサが減るし、どこに何があるか見えやすくなるので、お勧めです。

025 まな板の置き場所に、もう悩まない

現在、まな板は吊るしています。吊るすためには軽くて小さめである必要があります。この方法にしたのは、10年前くらいです。あるとき、たまたま雑貨屋さ

んで小さなプラスチック製のカッティングボードを買いました。初めは普通のまな板と併用していました。少しだけ使うときにはカッティングボード、普通に使うときには普通のまな板という風にです。

けれどもそのうち、カッティングボードしか使わなくなりました。軽くて小さいから扱いやすいのです。使わないときにはフックに引っかけておけます。つまり置き場所にも困らないのです。

普通のまな板はほとんど使わなくなりました。せいぜい餃子を作るとき大量にキャベツの粗みじんをする時くらいに。そしてそれも買い替えが必要になりました。ところが今度はなかなか売っていないのです。一度通販で探して買いました。当時はフックに掛けられる穴があいているまな板は、滅多に売っていなかったのです。

そうこうしているうちに、また買い替えを迫られました。けれども今度は薄くて小さめのまな板で、しかも引っかけることが可能な穴のあいている商品が巷（ちまた）に増えてきました。

それでも初めのうちは耐熱温度が100度未満の物ばかりなので、熱湯消毒できる物を探すのが大変でした。ところが次第に耐熱温度が100度以上、つまり熱湯消毒可能な物が簡単に見つかるようになりました。

というわけで、当初は一枚千円くらいで大手スーパーの家庭用品売り場あたりで買っていたのですが、今は100円ショップでも十分見つかります。

確かに本来は大きくて分厚いまな板の方が切った感触が良いです。けれども扱いのラクさではやはり、軽い、薄い、耐熱温度が100度以上ある（熱湯をかけられる）、フックがあって掛けられる（吊るせる）、色は白で、汚れと傷が目立つ、安いのでこまめに買い替えできる、日本製。

という感じです。今はほとんど100円ショップから買っています。

まな板が軽いと、台所作業全体がラクになりますよ。

026

冷凍庫に調理の手伝いをさせる

私は玉ねぎの「みじん切り」を多めに冷凍庫にストックしています。これが役立つのはたとえばハンバーグ作りの時です。普通、ハンバーグは、玉ねぎをみじん切りにしたら、フライパンで炒め、冷ましてから挽肉（ひきにく）と合わせてこねます。つまり、

玉ねぎをみじん切りにする→玉ねぎを炒める→冷ます→挽肉と玉ねぎのみじん切りをこねて成形→焼く……と、長い工程が必要です。特に、玉ねぎのみじん切りを炒めた後、あら熱がとれないうちは、挽肉とこねるのは厳しいのです。ところが、あらかじめ玉ねぎのみじん切りをカットして冷凍しておくと、挽肉と冷凍玉ねぎのみじん切りを混ぜて、成形→焼く……と、これだけの工程でできてしまいます。「玉ねぎは何が何でも炒めないとイヤ！」というのでなければ大丈夫です。生の玉ねぎのみじん切りでは、違和感があります。ところが不思議に一度冷凍すると、炒めなくても生の玉ねぎのニオイも硬い感じも消えています（繊維が壊れることが理由のようです）。こね始めはちょっと冷たいですが、使い捨て手袋を使用してこねています。私には許容範囲です。

ズボラーならではの「手抜きをしよう」と思ったことがきっかけで、今ではハンバーグをあっという間に作れるようになりました。冷凍の玉ねぎのみじん切り

は、このほかにもチャーハン、ドライカレー、グラタン、ミートソース……と、本来は加熱しなくてはいけない箇所をショートカットできます。これは冷凍庫に「調理の手伝い」をさせているようなものです。この方法は、洗い物（フライパンなど）も減るのでお勧めです。

027 「コールドミール」をちょっと実践

「家事上手」のイメージが大きいドイツの家庭では、「コールドミール」という習慣があるそうです。それは「温かい食事は昼だけ」というスタイルです。

朝と夜は火を極力使わないでパン、チーズ、ハム、サラダなどで簡単に済ませるそうです。昼は仕事などで外に出ていれば外食になります。ということは、実は「主婦が料理をする機会は限りなく少ない」という驚愕の事実を知りました。

これまで、どれだけドイツの主婦をお手本としたライフスタイル本を目にしたことでしょう。考えてみれば、それらに食事のことは触れられていなかったのです。それでも勝手に「朝昼晩、3食丁寧に作っている」と思い込んでいました。

最近、夫の弁当持参も復活したため、朝早くからの食事作りが「これでもか」というほど押し寄せます。息子もいますから、食材を買っても買っても、作っても作っても、あっという間に消費し、大量の食材とメニューを作る必要にせまられます。

最近は、食事作りに疲れていました。そこで「コールドミール」を少し実践してみようと思いました。

休日の朝、サンドイッチを作り、いつもは目玉焼きやオムレツとか茹でたソーセージを添えますが、サンドイッチとコーヒーか紅茶だけなどにするのです。サンドイッチだけなら火を使わないのでラクです。家族だけなので「みみ」はそのままです。

夜はこういうわけにはいきませんが、たまにこういう朝食で行こうと思います。

028

洗濯物を干す手間を簡単にする方法

暑くなると洗濯物が増えます。すると洗濯物をセットする時間も手間も多くなります。そこで対策です。少しでも手間なく早く完了させるために少しだけ段取りを変えました。

以前は、洗濯機の終了お知らせ音が鳴ったら洗濯槽の中身を全部洗濯カゴに移し、上から適当に洋服ハンガーと、ピンチハンガーにセットしていました。この順番を変えるだけです。

洗濯機の完了音が鳴ったら、洗濯槽から一気にカゴに移すのではありません。

初めに洗濯槽の中から次の順に取り出して軽く振って（シワをざっくりとって）洗濯槽の縁に仮置きします。次に各アイテム別にハンガーやピンチハンガーにセットします。

1. シワを作りたくないもの（衣類）
2. アイテム別（トップス→ボトムスなど）
3. タオル類
4. インナー、ソックス類

そうすると、いったん広げてあり、かつアイテム別にそろっているのでスムーズに作業が進みます。

最後に外に干しに行って完了です。

洗い終えたものを絡（から）んだ状態でカゴに移し、適当に上から順にセットしていれば、最後になるとかなりシワが定着しています。

また、アイテムも干す場所もバラバラなので、手の動きや位置がランダムになります。これは効率が良くありません。一つのことをできるだけ早く終わらせるコツは、同じ動きを同じ場所で繰り返し行うことです。

029
洗濯のたびに酸素系漂白剤を入れて防臭、殺菌

我が家では、洗濯のたびに酸素系漂白剤を少しだけ投入しています。ブラックやネイビーなどの濃い色のときには別にしますが、基本的に色柄ものも一緒に洗って大丈夫です（使用上の注意書きを必ず確認してください）。特に、漂白目的でなくても、洗濯槽の防カビを期待しています（見えないので、実際どうなのか確認はしていません）。

また、季節によっては汗のにおいなどが気になります。最近は柔軟剤で防臭効果があるという商品があります。他のにおいでごまかすよりも、においの元を根本から絶つ意味でも、酸素系漂白剤を少量入れる方が良いと判断しています。

梅雨時には、しばしば室内干しをしていましたが、生乾きのにおいも、ピンク変色などのアクシデントもありません。白い服の汗ジミなども見かけないので、おそらく目立たないけれど確実に効果が出ているのではないでしょうか。

030 忘れやすい浴室ドア掃除をする

浴室のドア周りを徹底掃除しました。洗面所ではメガネを外（はず）す機会が多いので、汚れに気付かなかったのです。

ドアと枠の間、普段、こんなところをじっくり見ることはありません。けれども改めて見るとホコリがついていました。さらにドアの下に爪楊枝（つまようじ）を差し込んでみたら、ホコリがたくさん出てきました。慌ててマスクを取り出しました。

様々な角、隅は、雑巾で拭いただけでは汚れが取りにくいので、爪楊枝で掻（か）き出しました。爪楊枝は細かい汚れを掻き出すのに大活躍です。浴室のドアって、近くでよく見てみると、案外汚れています。今回、30分くらいかけて掃除をしましたが、多分家族の誰もが気が付かないことでしょう。

誰も気付かないから、この掃除の意味はないかというと、そんなことはありません。汚れに気付いてしまった時から、掃除を完了させるまで、私が何度も気になってしまいます。汚れに気付かないからと放置すると、月日の経過とともに益々ひどくなっていくかもしれません。

掃除は面倒ですが、一度スタートするとおもしろくなってしまう不思議な魅力があります。そして、日常の様々なことと違うのは、手を動かすと必ず結果が即、目に見えることです。普段の暮らしの中では、意外と漠然とした役割が多く、何かを行っても必ず即、結果が出たり反映される事柄は少ないのです。けれども、掃除は目に見えてキレイになり、必ず気分がスッキリするおまけ付きです。その次は冷蔵庫の下と裏の掃除をしました。普段の掃除ではしない場所を掃除したら、はっきり見える場所ではないのに、やはり家の空気が変わります。

031

洗面所収納を楽にする3つのポイント

洗面所は、物が集まりやすく汚れやすいですよね。そこで我が家で実践している掃除を楽にするポイントを3つ挙げました。その3つとは、

1. バスマットの扱い
2. 洗濯洗剤関連の扱い
3. 髪の毛の扱い

です。

極端な話、この3つの扱いさえ解決すれば改善できます。ではその対策です。

①バスマットの扱いについて

これについては

1. バスマットを使わない
2. 薄手のバスマットを使い毎日洗濯する

の、いずれかをお勧めします。雑然とした雰囲気になるのはバスマットが敷きっぱなしで洗濯の頻度が少ないケースに多いのではないでしょうか。バスマットがあることで床掃除のやる気が出なくなります。反対に、何もなければ掃除をする気になれるし、開始しても簡単に終わります。

そのためにはバスマットを使わないのが一番です。浴室を出る時に足を拭きながら出れば良いのです。それでも湿りが気になる場合は、脱いだ服か、これから洗濯するタオルなどを一時的に敷けば良いです。ただし、この方法は一人暮らし、夫婦だけの場合は実行可能ですが、子供や年配のいる家族にはハードルが高いかもしれません。

その場合は、薄手のバスマットを使う方法をお勧めします。我が家で現在取り入れている方法です。１００円ショップで売られている小さなバスマットを１枚購入して毎日洗濯しています。毎日洗濯しますから、掃除機をかける時に床に敷いてあることはありません。

②洗濯洗剤の扱いについて

次に洗濯洗剤や柔軟剤の扱いについてです。これはなるべく洗濯機の近くに収納場所を設けることがカギです。理由はできるだけ液体や粉末をこぼさないためです。

収納場所には一枚、タオルなどを敷いておくと、定期的に洗濯機に放り込んで交換するだけなので掃除が楽になります。

我が家では小さいワゴン（次項参照）を洗濯機の側に置き、そのスペースに置いています。移動できるのでその周辺の掃除も楽です。ただしワゴン本体を時々拭き掃除することが必要です。家に備え付けの収納に直接入れると、液体や粉末がこぼれて掃除が大変ですが、ワゴンなので手入れも簡単です。

③髪の毛の扱いについて

洗面所に、ほうきと塵取り（ちり）をフックにかけてあります。気が付いたらその場でサササッと掃除できます。洗面台に髪の毛を落とすと掃除が大変になります。一歩後ろに下がって床に落としてしまえば掃除が楽です。

032

「洗濯ワゴン」で洗濯も掃除も簡単にする工夫

洗濯洗剤や、関連の小物などのラクな使い方です。どうあがいても、雑多になりやすい場所です。そして「置き場所に困る」物もあります。解決策として、それらを洗濯機の側にワゴンを置いて「洗濯ステーション」にしています。

特に使用中、粉が散ったり、液垂れしたりしやすい洗濯洗剤類です。それから濡れているので置き場所に困る風呂場用のブーツ、ゴム手袋、ブラシなどもここにひとまとめにしています。

一番上には使用頻度の高い物を置いています。酸素系漂白剤、柔軟剤、洗濯洗剤、洗剤を溶かしたり攪拌（かくはん）したりするための元洗い桶（使いにくかったものを再利用しました）、料理用の計量スプーンです。元洗い桶の下には水濡れ防止にダスター用のタオルを敷いています。真ん中は使用頻度の低い洗剤、ゴム手袋などを置いています。そして、一番下に風呂場ブーツです。

この「洗濯ステーション」の良さは簡単に移動できることです。キャスター付きなので移動して掃除をするのが簡単です。そして時々ワゴンの中を水拭きするだけです。もちろん、軽いプラスチック製なので、浴室に持ち込んでシャワーで丸洗いも可能です。通気性も良いので衛生面も良いです。

このワゴンのサイズのポイントは、我が家の洗面所の置きたい場所にちょうど良いサイズであることです。同時に、洗濯洗剤を用意する時に見えやすく、使いやすい高さでもあることです。高すぎても、低すぎても使いにくくなります。それから、なるべく目立たないシンプルな色を選ぶことで存在感を軽減できます。

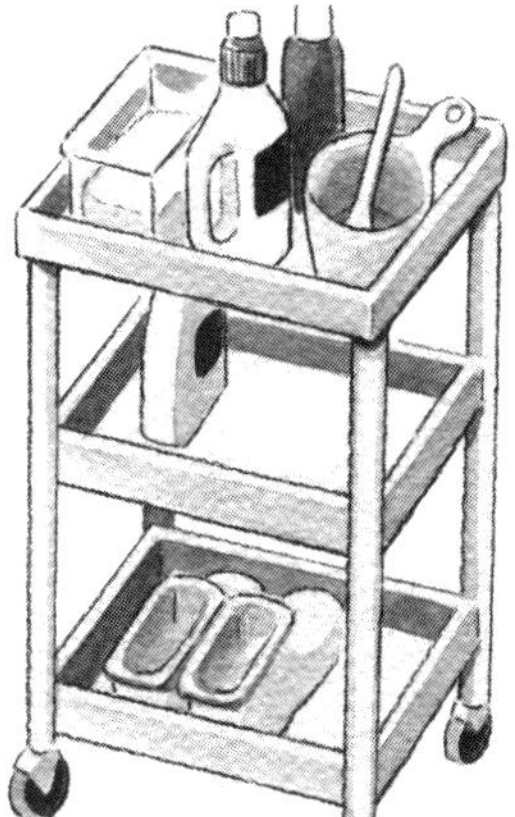

033

洗濯物の「塚」を作らない方法

洗濯物を取り込んだあとの手間が、ストレスに感じる人が多いようです。何がそう感じさせるかというと、「たたむ」ことなんですよね。そこで、「その手間を最少限にしてしまえばいい」ということです。我が家の衣類の多くはハンガーに吊るす収納にしています。そのため、洗濯物を「たたむ」のはほんの少しです。インナーとタオル類だけです。

そしてその「タオル」ですが、「たたむ」にしてもちょっとしたコツで楽に感じられます。それは、ピンチハンガーから「外す↓たたむ」を一枚ずつ繰り返す方法です。一般に、多くの人が行っていると思われる方法は、「外す、外す……外す」いったん、すべてのタオルを外して床に塚のように積みます。そして全部外し終わったら、正座して一枚ずつ「たたむ」という方法です……よね？

私は、「いったんすべてを外してから床に正座してたたむ」という方法はやったことがありません。外したタオルを床に置いたら最後、たたむことが面倒に感じてしまうからです。「外す↓たたむ」を繰り返すと、ピンチから外されたタオルはすべてたたんである物だけ、の状態です。そのため、途中で中断するようなことがあっても、「洗濯物の山」が作られません。

ちょっとした順番の違いなのですが、違う方法だったら、「洗濯物の山」を作ってしまうと思います。一枚ずつたたみながら外す方法は、部屋が散らからないし、面倒でも何でもないのでお勧めです。

034 洗い替えを減らすコツ

たとえばシーツ、布団カバーの洗い替えは不要です。洗濯物が当日中に乾く日にしか洗わないからです。ついでに枕カバー、床に敷くマット類も洗い替え不要です。

洗い替えが必要な理由を考えれば、持たなくて良い理由がわかります。どうして洗い替えが必要なのでしょうか。

それは洗濯中、乾かしている最中に使える物がなくなるための予備です。ということは、当日中に乾くならば洗い替えを持たなくても良いはずです。乳幼児がいたり、介護など、必要のある場合はのぞきます。

シーツ、布団カバーを毎日洗う人は滅多にいません。洗うのは天気が良く洗濯物が乾きやすい日です。もしくは天気に関係なく乾燥機を利用するか、です。いずれにしても朝、起きてからシーツや布団カバーを外し、乾ききるまでの間に使う必要はありません。洗い替えを持たなければ収納スペースも要りません。

まれに体調不良などで洗っている間に使う必要が起きた場合は、家族の分を流用します。具合が悪くない人は一日や二日くらいカバーがなくても何とかなります。または家にあるタオルや何かを汚れやすいポイントにあてがうことでも十分代用できます。

洗い替えを気にしすぎて多くを持ちすぎる物には洋服もあります。多く持ちすぎると一枚一枚の劣化が遅くなります。すると良くも悪くも飽きて買い替えることが気分的にできなくなります。少ない数をとことん着て、気分新たに買い替える方が効率的です。

今はどんなに物を減らしても、なんだかんだで、何かを余分に持っているものです。減らしすぎたと思っても、必ず代用できる物がたくさんあります。

035 「毎日掃除」をやめるメリット

毎日掃除は当たり前でした。けれども最近、掃除の頻度が自然に減りました。我が家の場合、そもそも小さい子供はいないので、たいして家は汚れません。もしかするとたとえば「毎日の掃除機がけ」というのは自己満足の世界で、掃除のしすぎだったのかも？　と思うようになりました。

掃除を毎日しないことに慣れると、2~3日おきに掃除をしたあとは「掃除をした～」という達成感が違います。「掃除は汚れたと思ってから始めても遅くはないのではないか？」そんな風に思うようになりました。

「毎日掃除」をやめると、実はメリットが多いのです。

「毎日掃除」をやめると変化すること

・掃除にあてていた時間分のゆとりができる
・心にゆとりができる

・光熱費が多少は節約になる
・水道、電気などの使用が減る
・消耗品の使用が減る

毎日の掃除をやめるだけであって、掃除をしないわけではありません。掃除の頻度を下げる程度です。そのためこれまでは掃除に費されていた時間や少々の資源や燃料もいくらか消費が抑えられます。これは各家庭では微々たるものです。けれども日本中となれば、かなり違ったものになるでしょう。

「掃除をマメにしている」というと、「勤勉で良い主婦」という評価と自己満足が得られます。当然、室内が清潔であることは家族のためにも有益です。けれども「ほどほど」でも十分だった可能性があります。

毎日しないとなると、反対にタイミングが難しいのですが、「清潔を保てる最適なタイミング」で掃除することが時間、資源などを無駄にしないで済む結果につながりそうです。

036

捨てる前の古タオルで拭く場所

室内の拭き掃除したあとの古タオルを、もうひと働きさせています。月に1回位ですが、外に通じる場所をついでに拭きます。

［玄関ドア周辺］

・ドアの内側と外側　・郵便受けの外側と内部
・ドアの取っ手　・ドアの鍵付近の凹凸部分など
・ドアの厚みの上部分　・ドアの蝶番の凹凸部分周辺
・ドアのストッパー　・玄関内側のたたき　・玄関外側の床

他に通路側の窓のフェンスと枠など。

要は、水拭きできる所は、全部一気に拭きます。特にドアの外側や、ドアストッパーとか、郵便受けの外側から入り口付近を拭くと、凹凸部分がかなり汚れています。もちろん、インターフォンにもホコリが付いていないかチェックします。

特にマニアックかも……と思うのは玄関外側のドアストッパー部分を拭いたときです。この部分を水拭きする人って、滅多にいない気がするので。でも下にあるので、確実に汚れているのです。水拭きをすると、スッキリきれいになります。

それから、意外と見落としがちな部分は玄関ドアの上の厚みの部分です。それとドアの枠上です。あとは玄関ドアの郵便受けの外側からフタを開けて、その枠付近を拭くと真っ黒です。新聞が入り、そのまま外気が流れるのでホコリが付きやすいのでしょうね。

特に大掃除というわけではありませんが、時々このように、古くなったタオルで一気に玄関の外回りも水拭きしています。戸建ての場合は玄関のたたきなどはホースで水洗いできるかもしれませんが、我が家は集合住宅で、水を撒くことは禁止されています。

そのため、こんな風に周囲を拭いたあと、最後の最後はたたきと外側を水拭きで仕上げています。そのタオルは捨てます。手には使い捨て手袋をしています。

時々、このような手入れをしておくと、改めて大掃除をしなくて済みます。

第3章

時間をシンプルに

037

朝、早く起きる。ただ自由な時間をたくさん過ごしたいから

現在の起床時間の基本はAM5時です。4時台に起きることもあります。弁当と朝食を作ったら、シャワーを浴びます。

家族が起きてくるまでの合い間にブログ記事を書きます。家族が起きてきたら再び朝食を出したり、洗濯をしたり片付けをして、送り出した後に再びブログ記事を書いてアップする、という流れです。早朝は、頭も冴えているのでちょうど良いです。

食品の買い物や、用事で外出する際はできるだけ早く家を出ます。店の開店が10時であれば、その頃に店に着くようにします。

特に「何時まで」という決まりがないものほど、可能な限り早い時間に済ませてしまいます。そうすると帰宅してもまだまだ時間に余裕があるという状態になります。これが、仮にお昼頃や午後になってからの買い物や外出となるとすべて

が中途半端になります。そうすると一日のうちの自由時間が減ります。なるべく早めに行動することで自由時間を捻出しています。

このような時間の使い方は、自己啓発系の本などでよく見かけますが、私の場合意味が少し違います。というのは、その種の本の方たちは、「努力して何らかの目標を実現するために頑張って早起きをしているから」です。私は違います。根がズボラですし、面倒くさいことが苦手です。無駄に頑張りたくないですし、努力も同様です。私の早起きは、努力や根性でやっているのではありません。

理由は単純です。「早く起きたいから」そうしているだけです。好きな時間を過ごしたいから早起きしているにすぎません。反対に、「遅く寝て遅く起きて遅い時間に家事や用事をこなす」流れは苦痛です。そんなことをすれば、時間に余裕はなく、混雑し、何をするにもフットワークがよくありません。結果、自分の自由時間も減ります。

朝、起きて既に日が高く昇っていると思うと、だらけた気分になって不快です。ズボラですが、だらけた空気は苦手なのです。

朝起きたら、シャワーを浴びて髪の毛をブローして、ワンマイルウェアに着替えます。自由な中にもある程度メリハリのある状態が好きです。

家族が休日の日は目覚ましをセットしません。ですが、自然といつもの時間に目が覚めます。不思議に私が早く起きると家族も早く起きるし、私が遅くまで寝ていると、家族も遅くまで寝ています。家庭は主婦の行動と習慣に大きく影響されることを実感します。

私にとっての早起きは、「朝活」とか、「早起きで何かを努力する」などではありません。

シンプルに自由な時を過ごす時間を生み出しているだけです。

038

時間を効率的に使わない

「効率的に時間を使う」ことを控えるようになりました。以前は時間を効率的に使おうと、家事を同時進行することがよくありました。けれども、時間を効率的に使うとは複数の行動をパズルのように組み合わせ、隙間がない状態です。裏を返せばゆとりがありません。

たとえば、やかんにお湯を沸かしながら、洗濯機を作動させ、その間に朝食のおかずを作る……と、こんな感じです。一見、メリットがあるような気がします。けれども様々なことを同時進行させると、どれにも集中できません。終了のタイミングの間が悪く、慌てることがあると気付きました。

たとえば、「朝食を食べよう」と思った瞬間、洗濯機の終了音が鳴ります。朝食をとることと洗濯物を干す作業のどちらを優先するかというと、後者になってしまいます。すると、洗濯物はシワにならずに済みますが、炊き立てのご飯、温かいみそ汁が冷めてしまいます。結果として、きちんと作ったのに不満足な朝食を食べることになります。

また、洗濯物を広げながらも中断した朝食が気になるので集中できず雑になります。結局、時間を効率的に使おうとしたことが、どちらも不満足で中途半端になってしまうのです。

このことに気付いてから、家事の同時進行は、ほどほどにすることにしました。

以前は、風呂に入るとき、「ついでに床を磨く」ことを習慣にしていました。するとお風呂ではリラックスできず、浴室内の汚れが気になって落ち着きません。それに入浴中はメガネをかけないので汚れが見えにくいのです。たいして汚れていないつもりが、ある日、メガネをかけて見てびっくりすることがありました。

少し前には時間の効率化のために推奨されていた「ながら家事」「ついで家事」ですが、とにかく落ち着かず仕上がりが半端になる欠点があります。

そこで最近、試みているのは「ながら家事」「ついで家事」をしないことです。洗濯機を回しながら他のことをするのではなく、洗濯機を回しているときはできるだけ、それだけにするという方法です。

結果として、それぞれを別々に行ったとしても、たいして時間は無駄になっているとは感じません。もし、朝に家事をしているのであれば、朝と夜に分けるなど分散することで、「ゆとり」の改善は可能です。

039

移動のシンプル化。時間も物もミニマムに

移動時間をシンプルにすることを心がけています。小さな移動時間も積み重なれば膨大な時間になります。こうした時間は、意外に見過ごされがちです。小さな移動時間もシンプルにすることを意識すれば、物理的な持ち物も減っていきます。

たとえば、食品の買い出しを数日に一度にしてまとめ買いするのは、皆さんもよくやっていることと思います。その他にも、このようなことも工夫できます。既に実行している方も多いかもしれませんが、その時は読み飛ばして下さいね。

・銀行、郵便局、美容院等の用事を同じ日にまとめる。
・買い物メモを持って行く（回るルートも書いておく）。
・勤務先の近くに住む。

・子供が通う学校の近くで働く（主婦のパート、アルバイトなど）。
・ショッピングモールには行かない（店内が広いので買い物に時間がかかる。どうしても行くときには行く店とルート、順番などのあらかじめ計画をたてていく）。
・宅配を送る、受け取る……を同じ日にまとめる（例：中古書店宅配買い取り、通販返品、通販受け取りa店、b店を同じ日時に設定する）。
・宅配会社の会員登録をしてやりとりをスムーズに（例：ヤマト運輸のクロネコメンバーズなど）。
・移動時間そのものを減らす（例：ネットバンキング、ネットスーパー、通販利用など）。
・子供の習い事、塾を見直す（例：送迎方法の見直しなど）。
・アクセスの良い場所に移住する（例：渋滞が少ない地域、複数の電車、バスのルートがある場所に住むなど）。
・アクセスのルートを見直す（例：もっと効率の良い電車ルートをさがすなど）。

一見、当たり前のことですが、「もしかすると無駄に何度も外出をしているのではないか？」と思うことがよくあります。たとえば、朝、銀行に行ってきて、帰宅してから、「あ、郵便局に行かなくちゃ」と言ってまた出かける。そして子供を塾に送ってから、「あ、買い忘れていた」と言って、また出かける……そんな調子で何度も家を出たり入ったりしています。少し先の予定を見越せば、このようなことを防ぐのは可能です。

大枠で、1年単位、半年単位、月単位、週単位、1日単位……でざっくり把握しておけば、無駄な行動もシンプルにすることができます。

040 提出物は即日が一番ラク

日々の暮らしの中での提出物、いろいろあります。極力、受け取った日に記入をして翌日には即、提出するようにしました。そうすると、メリットがたくさんあります。

たいていは提出期限があります。その期日まで出せば問題はありません。けれども、「明日書こう」と提出を1日延ばしたとします。するとその1日の間に何回か「提出物」のことが一瞬ですが脳裏をめぐります。
1日だけでもそうなので、たとえば提出期限が2週間後なら、14日間もの間何度も、一瞬ですが提出物のことが脳裏をかすめます。

・一瞬、提出物のことを考える回数×日数＝提出物のことを考える回数＆時間
　積み重なると一瞬も数も時間も膨大になります。これが思った以上に馬鹿にできません。

「そんなこと言ってもスケジュールを確認してからでないと……」と思うかもしれませんが、その時点で確定していないスケジュールなど大した用事ではないことがほとんどなのです。

提出物は、即、出してしまえば、あとは何も考えずに済みます。後回しにしても、いつかは必ずしないといけないので、早く完了させたほうが良いです。また、早く提出すれば、仮に不足などがあっても期限までに訂正などが可能です。提出先への印象も良くなります。

どうせ提出するなら素早く。些細な部分ですが、それだけでも日々のスケジュール管理も楽になります。

041 「苦手な給食時の牛乳完飲対策」が今も役に立っている話

時間の使い方の基本は、今にして思えば、苦手な給食時間の牛乳のおかげです。

もちろん、当時はそんなことを思いもしませんでした。基本的に食べ物の好き嫌いは少ないのですが、牛乳だけは別です。ところが給食には毎食登場しました。しかも、残すことは許されませんでした。下手をすると苦手な牛乳のせいで、「給食時間が終わっても、ひとり残されて食べさせられている人」になる恐れもありました（当時は実際、そうされていた人がいました）。「それだけは絶対に避けたい！」子供ながらに必死でした。

そこで、私がとった方法は、給食時間を何段階かに区切って、その範囲で自分が決めた時間内に牛乳を飲む方法です。もちろん、それは私の頭の中だけの秘密です。

具体的に説明します。給食の時間は、だいたい「いただきます」と言ってスタートしてからみんなが食べ終わり立ち上がるまでの時間が、およそ15～20分ほどと把握していました。牛乳瓶には模様として横に太いラインが入っていました。そのラインを目安に牛乳をおよそ4つの量に目視で分けます。さらに、なるべく味の濃いおかずは「保険」として牛乳を飲み終わるまで少し残しておくことにしていました。

最後に牛乳を飲むのが苦しくなった場合、味の濃いおかずを口にすれば何とか気が紛(まぎ)れるからです。それがないと吐き気がするのでかなり厳しくなり、それ以上、飲み進められなくなるので注意していました。

さらに、この4段階について、時計を見ながら飲み終える目安を見ていました。「全部飲まなくちゃ」と思うと気が重いけれど、なるべく短く間を区切って「何分以内にここまで」なら、何とか可能になるから不思議です。

給食開始後5分以内に第2段階まで牛乳を飲み終えることにしていました。すると、みんなが給食を食べ終えるまで残り10分～15分です。さらに第3段階までを給食開始から10分以内に飲み終えます。第4段階まで残り5〜10分です。

このように段階化すると、「いつもよりペースが速い。順調順調♪」とか「ちょっとペースが遅い。もう少し飲むスピードを上げないと」ということがよくわかるのです。それで何とか無事に完全に飲みきることができていました。

このようなことを小学校から中学校まで9年間。長かったです。この方法は小学校1年生の当初から無意識にやっていました。そのため、みんなより遅くなって困ったことは一度もありません。たかが給食のことでも、意外に子供同士の視線は厳しいことがあります。そんなことで長い学校生活をしくじらないようにと密かに対策をとっていました。

この方法は、思えば今も役に立っています。苦手な牛乳のおかげで、制限時間内に終わらせるコツはこのときに習得しました。ポイントをまとめると、時間は何段階かに区切ることです。

その区切った範囲に完了することを目指すとどのくらい急げば良いのか、それともまだ余裕があるのかの判断が付きやすいのです。何も考えずにスタート時間と終了時間にしか注目しない場合、自分のペースが速いのか、それともちょうど良いのか、遅いのかが見えにくくなります。いくつかに区切ることで、途中で調整できるようになります。

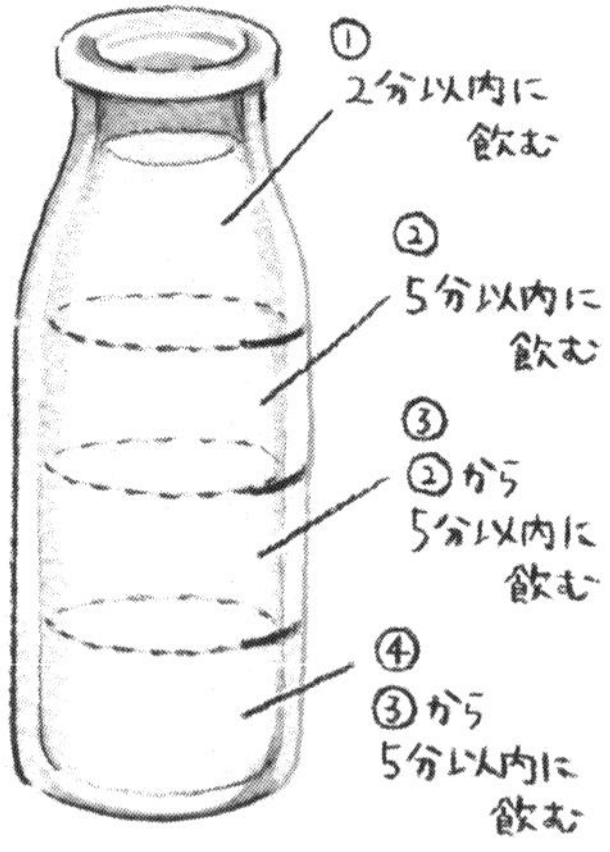

第4章

人間関係をシンプルに

042 迷惑をかけ（限度はありますよ）、ワガママを言って暮らす

「迷惑をかけない」というフレーズを耳にすることがあります。もちろん、法に触れるようなこと、明らかに非常識なことはNGです。そういうことをのぞいて、「迷惑」が本当に「迷惑」とは限りません。第一、「迷惑をかけないで生きている人」なんて一人もいません。だから、「迷惑をかけずに暮らしたい」というのは、そもそもが傲慢なんですよね。

まず「オギャー」と生を受けた瞬間に、例外なく誰しも迷惑をかけています。お乳を飲み、おむつを交換してもらいます。人が独り立ちするまでに、誰かがサポートしています。もちろん親が裕福だったり貧乏だったり、優しい人だったり、そうでなかったりという違いはあるにしても、です。ただ、そのことに本人が気付いていないだけです。

「私は誰にも迷惑をかけず一人で生きてきた」と言う人でも、幼い頃には誰かが

おむつを交換して、食べ物を食べさせています。

他人(自分以外の人という意味。身内も含みます)に「迷惑をかけたくない」と思っているということは「他人から迷惑をかけられたくない」と思っているに等しいのではないでしょうか。「自分も生まれたときから迷惑をかけながら生きている」と自覚することで他人の「迷惑」もやんわりと受け入れることができるのではないでしょうか。

また「ワガママを言ってはいけない」と思っているとしたら間違いです。そう思っている人に限って「じゃあ、思いっきりワガママなことを言ってみなさい」と言ったとして、おそらくたいしたことではないのです。ところが当人は「ワガママを言わないように」と多大な我慢をしていることがあります。そんな思いをしてまで封印したつもりの「ワガママ」も、いざ出してみればたいしたことがないことは十分あり得ます。

「迷惑をかけず、ワガママも言わない」と思うと、他人の迷惑やワガママに過敏に反応して怒りが湧いてしまいます。それよりも「私は迷惑をかけながら生きているし、ワガママも言っている」と自覚した方が多少の迷惑やワガママに鈍感になります。お互いに我慢をしない状態ですから（極端な本当の迷惑やワガママはのぞきます）、ストレスも減ります。

たいてい、いつもワガママを言う人、聞かされる人、の二種類の立場の人がいます。自分は「後者のタイプ」、と思ったら、今すぐにワガママな言動をしてみたら良いのです。どうですか？　どんな「ワガママ」が浮かびますか？　それって本当にワガママですか？　案外、たいしたことがない内容ではないですか？　これまで、その程度のことを我慢してきたのです。

ワガママを言っても、案外誰も困らないかもしれませんよ。「私がワガママを我慢しているから、うまくおさまっている」と思っているとしたら大いなる勘違いです。確かに、はじめは周りの人はびっくりするかもしれません。けれども、すぐに慣れます。

たとえば、こんな経験はありませんか？　すごく仕事ができる人が会社の同じ部署にいるとします。本人も周りの人も「この人がいないと困るだろう」と思っています。ある日突然、その人が急に会社をやめたとします。はじめのうちこそ混乱します。ですが、割とすぐに元のペースに戻ります。その人が戻ってこなくても。「仕事ができるその人」「私やこの人」がいないと回らない、というのは案外錯覚だったということはよくあります。

みんなの雰囲気がギスギスしているとか、窮屈な感じがするとすれば、それは各自の「我慢」が原因です。フタを開けてみれば苦しい思いで行っている我慢も、いざ、解放してみたらたいしたことがなかったりします。

自分も「迷惑をかけているしワガママも言っている」と自覚していれば、少々の周囲の言動も気になりません。

「最近、やたら迷惑な人やワガママな人ばかりが目に付く」と感じることが多いとしたら、その原因は自分にあります。自分が何かを我慢しているから、自由そうに見える人が目に付くんですよね。

思い切って迷惑をかけてワガママも言ってみればいいのです。そうすると、他人の言動にも寛容になり、気が楽になります。

043

半径3キロメートルの価値観に悩まない

何か悩みを抱えていて突破口が見つからない人がいるとしたら、住む場所を変えてみるという方法も視野に入れてみてはどうでしょうか。

習慣を変えることや、自分そのものを変えるのは大変です。ところが住む場所が変わると、特に努力をすることなく、自然発生的にいつもの流れが変わります。目に入る物も変化します。そうするとイヤでも価値観や気分が変わることがあります。

また、人付き合いも変わります。その地域によって風習が微妙に違うことは当然ですが、価値観や街並み、気候によっても自分の気持ちも変わります。これまでの「常識」は案外、狭い地域限定の思い込みだったりもします。

それは単に地域の違いだけではありません。その土地の気候、自然の景色によっても人の気持ちが影響されます。しばしば、「家の中をきれいにすると、生き方が変わる」と言われています。確かに正解かもしれませんが、それ以上に、自然環境はその土地全体の人々の気質に影響します。

温暖な地域の人がおおらかな傾向があるとされるのは、農作物なども収穫しやすいので、「なんとかなる」と楽観視しやすいからです。それに対して寒冷な地域は、冬は厳しく、ひたすら我慢しなくてはなりません。だから自然と耐え忍ぶ傾向になることがあるそうです。

人の気質は単に個人の性格のせいではないことがあります。雨の日には憂鬱で、晴れの日にはフットワークが軽くなる経験は誰にでもあることでしょう。

つまり、人は思った以上に環境に影響されるということです。他人の心や自然環境を変えることはできませんが、家の中を自分にとって快適に整えることは可能です。また、状況が許せば思い切って住む場所そのものを変えるということもアリです。

我が家のように転勤がある世帯は、これをきっかけに、自分が求める環境を探すチャンスと考えれば良いのです。良い方に考えれば、その地域の人間関係の深みにはまらずに済むメリットがあります。同じ場所に長く住んでいれば、知り合いが増えるし、情報もくまなく入ります。けれども、裏を返せば「思い込み」があっても気付きにくいという欠点もあります。

私の場合は、幾度かの転勤による引っ越しを繰り返すたびに、子供がいるので、いつも引っ越し直後は「最初が肝心」と心得て必死に新たな地になじもうと努力してきました。でも、やっと慣れた頃にはまた引っ越しです。今の住まいは予想外に長いのですが、ここに来た時には、「なんだか、疲れた。もう、ほどほどでいい」と気が抜けました。

もちろん、最低限の礼儀と挨拶は欠かしません。ですが、以前のようにママ友付き合いに気を遣うことをやめました。ある程度子供が成長した段階だったことと、皆、それぞれの教育に忙しくて、付き合いどころではない人が多いことも幸いしました。

その代わり、先生の情報とか、学校のこととか、ご近所情報とか、病院はどこがいいかとか、そういう情報は一切入らなくなりました。でも、下手に先入観を抱くことがなく淡々と過ごすことができたので、かえって良かった気がします。

というわけで、今の住まいでは、子供がらみのママ友付き合いは、全くしていません。いずれにしても、子供は成長します。幼稚園くらいの頃は永遠に続くように錯覚しますが、本当にあっという間です。子供が小さい時は母親もまだ若いです。だから、まだ「女性」としての競争意識みたいなものがお互いに生じるのです。さらに、子供も小さければ良くも悪くも現実が見えません。だから「うちの子、天才かも」と思っているからピリピリしています。

ところが子供が中学生くらいになると母親は年を重ねているので開き直りが出てきます。子供の出来不出来（と、一概に表現してはいけないのですが）の現実も、だいたいわかってきます。だから、このくらいになるとかなり落ち着いてきます。けれども、そうしたピリピリの内訳も、住む場所が変わると基準が面白いほど違います。結局、「しばしば人は他人の軸で生きている」と思う機会があります。住む場所が違うとこれまでの価値観がまるで違ったりするので、悩みが悩みでなくなることもあります。

実家の母などはよく「世間体」を気にする発言をします。冷静に考えるとその「世間」とは、せいぜい半径3キロメートル以内程度の近くに住む人と、親戚くらいのものです。ふたを開けてみれば、悩みや迷いとは所詮、その程度であることはよくあります。

044 「親に感謝するな」と子供に言ってあります

子供を育てて痛感したことがあります。それは、子供の言動は「ある程度生まれ持った性質に左右される、しつけや環境でもままならないことがある。結果は確率なのではないか」ということです。

友人知人のお子さんを拝見していても、親のしつけ以前に、もともと物わかりが良くて、落ち着いていて聞き分けが良い子……は現実にいます。当然ながら、その反対もいます。

幼いうちから聞き分けが良くて、扱いが楽な子というのは実際にいるようです。我が子の聞き分けが良くなくて扱いが大変だった私が言うと負け惜しみに思われるでしょうが、実際にそうなのだから仕方ありません。ところがたまたま親の力量でなくても結果が良いと「親のしつけが良いから」と判断されます。それはその反対もしかりです。

よく、有名なスポーツ選手や偏差値の高い大学を卒業させた母親に対して『〇〇流子育て法』なる本があり、テレビでエピソードが紹介されます。そのたびに私は「実はたまたまではないか」と思っています。反対に、良くない事件があると、加害者の親の子育てに原因があったかのような、特に母親に原因があるようなメディアの番組を見かけます。私は、それについても「それも、たまたまではないのか」と思っています。

いずれも、「原因があって結果がある」と思いたいのは当然です。良くないケースの場合は、その原因に自分達が該当しなければ、安心できるからです。そして結果が良い場合は、「私の子育てが良かったからヨ……オホホ」と満足できるからです。

どちらの場合も、我が子の状態が望ましい結果にあれば運が良かっただけであり、悪い場合は運が悪かっただけであるとしか言いようがないと思っています。「スピリチュアル的な運」ということではありません。ここで言いたい「運」とは単なる「確率」だと思って下さい。

私は息子に「親に感謝しなくていいよ」と言っています。「自分がやりたいことを思う存分好きなように」と言っています。「親」、つまり夫と私に気兼ねして、やりたいことを我慢して欲しくないのです。

また、「できない理由」や「しない理由」に「親」でごまかすかもしれない可能性を今から排除しているのです。

さらに、「親が子供を育てるのは当たり前のことだから、感謝しなくていい。そのかわり、もし、子供を持ったら責任を持って育ててね」と言っています。お金と時間も自分のために使って欲しいのです。

将来の話ですが、本人が元気で好きなことをして暮らしてくれたら、わがままに生きてくれたら、親である私にとって、それが一番の喜びです。

045

シンプルな「原則」で、人付き合いの悩みの8割はなくせる

人付き合いにおいて、守っている原則があります。実はそれだけで人間関係の

8割は悩みを解消できます。その原則は、シンプルです。
相手によって態度を変えない。
これだけです。補足すると、
誰にでも誠実に常識的に当たり前に普通に接する、
ということです。「相手」とは夫婦、親子、兄弟姉妹などの親しい相手も含みます。
「相手によって態度を変えない」の具体例としてのイメージとして思い浮かぶのは、「就活中の大学生が、企業を訪れたときに掃除のおばさんにもきちんと挨拶をする」とか、「面接前に会社の近くで会った素朴な老人とたまたま談笑したら、それが会長だったオチ」などです。でもこの手のエピソードは何か胡散臭いですね。
私たちはうっかりすると相手によって態度を変えてしまいます。それは、家族です。自分が妻であれば夫に、母親であれば子供に、姉であれば妹に、……と、親しい間ほど「うっかり」態度を変えて横柄な態度を取りがちです。それは、「横柄な態度をとっても、影響がないから」ですね。でも、それで良いのでしょうか。

「夫婦はともかく、親子は違うのでは？」そんな風に思うかもしれません。そう考えている方は、思春期を過ぎたお子さんに話しかけても無視されたり、会話も全くなかったりという状態になっていないでしょうか。会話が減るくらいはともかく、子供が親の問いかけに返事すらしないなら、それを「普通」と見過ごすのはNGです。というのは子供が「相手によって態度を変えても良い」と思っているのが明らかであるからです。おそらく、そんな状況でも子供は一歩外に出ると、友人や学校の先生には普通に接しています。「相手によって態度を変えても構わない」と思っているから、親は無視して友人や先生には普通に接するのです。

そうやって「思春期だから普通」と見過ごしていると、大人になったとき、その子供がもっと大変な思いをします。他人に対し、「相手を見て値踏みをして損得で対応するクセ」がついているので、誰かに会うたびに非常に精神を疲労するのです。

当然ながら「相手」にはスーパー、コンビニのレジ係の人、ファミレスのウェイトレス、ガソリンスタンドのスタッフ、宅配の配送スタッフ……と様々な人々を含みます。必要以上に丁寧にする必要はないので難しいことではありません。誰にでも当たり前に対等に普通に接するだけで良いのです。「当たり前」とは、ファミレスで「水！」ではなく「水を下さい」、ガソリンスタンドで「30リッター！」ではなくて「30リッターお願いします」と話すような程度の些細なことです。

「相手によって態度を変えない」原則を淡々と貫いてきた場合は、誰に会っても誠実に普通に同じように接すれば良いだけです。「相手によって態度を変えない」とは、つまり相手を値踏みしないこと、対等に向き合うことです。このような対応を習慣にすれば、常に態度を変える必要もないため、精神的に安定します。

もちろん、こちらがそのようにしていても、相手が不本意な態度を取ることもあるでしょう。けれども、「こちらが先に不本意な態度をとらない」ことです。

それは、「先入観を持たない」ことにつながります。たとえば「あの奥さんは挨拶をしない人なのよ」という噂を聞いたとします。でも、自分はまだ、その奥さんに会ったことがありません。「挨拶をされなかった」ことは未体験です。さて、向こうからその「挨拶をしない奥さん」がやってきました。そのとき、どういう態度をとりますか？　もちろん、「相手によって態度を変えない」「相手が不本意な態度をとらないうちは、こちらが先に不本意な態度をとらない」を自分の原則としていれば、当然、「挨拶をする」という結論が出ます。結果、その奥さんは噂とは違い挨拶を返すかもしれないし、噂通り返さないかもしれません。挨拶を返してくれれば、以後は、普通に接すれば良いし、仮に返してくれなかったとしても、当面はこちらからは挨拶をし続けることです。

「相手によって態度を変えない」の原則で、そうするのです。挨拶をしない理由は何かあるのかもしれません。普通は「無視された」と憤慨しますが、何か事情があるのかもしれません。まずは憶測で解釈をしないことです。

また、職場で「性格のキツイ上司」に翻弄されているとします。そういうときも「相手によって態度を変えない」の原則を貫きます。こういう場合、すぐには効果も何もなく、「なんで私が……」というような思いをすることもあります。けれども「相手によって態度を変えない」ことを原則にして、あくまで普通に当たり前に誠実に淡々とした態度を貫いていると、不思議に相手はいつかわかってくれることがあります。

職場では人間関係とともに成果をあげなくてはならない場面もあります。上司、同僚であってもある意味ではライバルの場合があります。そのため、弱みを見せられない、なめられてはいけないという空気にピリピリすることもあります。

けれども、その空気に負けて「原則」からうっかり外れるといつかしわ寄せが来ます。「原則」を貫くことは一時、何の成果も見えません。けれども、意外にそういうところは、出来た人ほどよく感じ取って見ているのです。ですが、渦中にいるときは、良い意味で見て見ぬふりをしているのです。

企業の中の社員という立場は、勝つか負けるかの空気に負けないことだと思うかもしれません。けれども周囲を見ていると、結局、最終的に勝者（という表現は適切ではないのですが）は原則を貫いてきた人が多いことに気付きます。巷にあふれている「成功本」にはやたらと何か戦略的なことが書かれています。ですが、人の根本的な性質は、時代、国、年齢、性別にかかわらず大きな違いはありません。ということは「この人物に好感が持てる」という本質的な評価も、結局は「原則」に戻ってくるのです。

もし「私は誠実に行動しているのに、評価されない」と思うとしたら、それは気付かないうちに「原則」を外した行動をとっているからです。

まれに例外はあるでしょうが、人はこちらが普通に接してさえいれば、意味なく攻撃的な態度はとらないものです。というよりも、もしかすると感情を揺り動かされない人物だという雰囲気をまとうことで、仮に相手がそのつもりだったとしても、跳ね返す暗黙の空気を放つ効果が大きいのかもしれません。「普通」は強いのです。

実は、「普通に」「誠実に」生きるというのが簡単なようで一番難しいのです。けれども、やろうと思えば誰にでもできます。

そもそも人同士のトラブルは「相手によって態度を変えた」ところから発生します。物事は一見、複雑なようで実はシンプルです。

引っ越し、進学、就職、転勤……様々な事情で新しい人間関係に突入することも多いでしょう。でも難しく考えず、原則さえ踏まえていれば良いと思います。

第5章

「減らす」をシンプルに

046 「スッキリ暮らしたい」と思ったら、まず減らす物10選

心機一転したくなったら、思い切って余分な物を減らしてみませんか？　これまで私は結婚後に6回の引っ越しを経験しました。不思議なことに、引っ越しを前にすると急に必要かどうかの真偽が明確になるのでした。

　おそらく期限のある状態が功を奏したのでしょう。それに対して、自己都合の引っ越しの場合は引っ越しの期限がはっきりしていないせいか、処分か保管かの決断が付きにくいのでした。

　また、夫の転勤による引っ越しは、ほとんどが夫は先に赴任先に出向き、私がひとりで荷物をまとめるという具合でした。当時は子供が小さかったため、不用品を車に積んで処分する作業も、全部子連れで行いました。その分、迷う暇はありませんでした。ひたすら動くことでしか結果を出せなかったのです。今は、引っ越し業者に処分を依頼できたりしますから、それほど大変ではないと思います

が。結果、たいていは、引っ越しが終わると３日位熱を出して寝込んでしまうのが定番でした。それ以降、必然的に多くの物を持たずに、要らない物はこまめに処分する癖がつきました。

それほどに物の処分は体力とエネルギーを必要とするのです。「買う」は宅配してもらえたりしますが、処分は多くの場合、自分で作業しなくてはいけません。ここに挙げた減らす物10選はその苦い経験に基づくものです。

1．ガーデニング関連を減らす

物と植物などは別物と考えるかもしれません。植物は生き物だからです。でも、植物は潤いを与えてくれる反面、洋服のように簡単に処分できない物です。また、室内でも屋外でも土と水がある分、不衛生になりやすいのです。室内の観葉植物が多くなると葉にホコリが溜まります。鉢は簡単に移動できません。そのため、周辺にホコリや虫が付きやすくなります。スッキリ暮らしたいならば、植物は最小限にとどめたほうが良いです。また、土を捨てるのにも苦労します。

2．DIY用品、手作り関連の物を減らす

本当に好きで続けているなら良いのですが、半端な思い付きで始めたＤＩＹ、手芸、手作り洋服関連の物はスッパリ諦めた方が良いです。どんなに安い服でも買った服の方が造りがきれいなことが多いです。これらに凝りだすと際限なく物が増えます。布関連は捨てるのに手間は要りませんが、木材などは処分するのに苦労します。

3．スプレー関連の物を減らす

スプレー関連は、簡単に捨てられない物の代表です。ヘアスプレー、制汗スプレー、防水スプレーなど。引っ越しの時にこの処分にいつも困っていました。どうしても必要な時は100円ショップで小さい物を買うようにします。

家族にも一言、言っておかないと、また増えます。普段から「スプレー物は購入禁止」と家族に注意しておいた方が良いです。処分の際は風のない日に毎日少しずつ地道に外でスプレーし続けました。ところが昨年の夏に家族がまた制汗スプレーを買ってきてしまいました。予想通り、ほとんど使わないで放置されています。思い出した時に少しずつ外にスプレーしていますが、なかなかなくなりません。

4．香水関係を減らす

スプレー同様、捨てにくい代表です。特に厄介なのはスプレー容器入りの香水です。容器を開けられないので、どうしても買いたいときにはスプレーではないものを選んだ方が良いです。

5. カゴを減らす

カゴが余分にあるとかえって物が増えます。理由は上に積み重なって、下にある物が見えなくなるからです。カゴを置くと初めは良いのですが次第にそのうち入れっぱなしになります。「とりあえずカゴに入れて後で本来の場所に移動」は「後で」が永遠に来なくなります。カゴに入れなくてはいけない雑多な物は、しまう場所をはっきり決めるか捨てた方が良いです。

6. 箱、紙袋を減らす

部屋が何となく雑然としてきたら、まず段ボール、空き箱、ショップの紙袋を捨ててみて下さい。何もしなくても5%はスッキリします。「何かを送るときのために」大中小の段ボールを保管しておくとキリがありません。

7. タッパーを減らす

タッパーは、同じ種類の必要数を決めたうえで、スタッキングできる3種類程度を限度にします。半端な物は処分します。数が多くてもサイズ、種類がそろってスタッキングできれば多くのスペースは不要です。反対に、サイズ違いの多数のタッパーは多くのスペースを必要とします。多すぎる種類は使うたびに選ぶ手間を必要とするので無駄です。

8．シーツ、布団カバーなどの洗い替えを減らす

ありとあらゆるカバーについて、洗い替えが必要かよく考えます。小さい子供や介護の家族がいるのでなければ、原則洗い替えは不要です。洗濯が一日で乾く日に洗ってその日のうちにセットすれば洗い替えは要りません。使用頻度が多いと劣化も早くなりますが、意外と丈夫です。我が家ではなかなか買い替えに至りません。

9．家族の人数分以外の寝具を減らす

今の住まいに越した直後は家族の人数分以外に3組の寝具がありました。身内が泊まりに来た時のために保管しておいたのです。けれども3年経過しても泊まりにくることはなく、余分な寝具は処分しました。必要になったらレンタルする予定です。実際に来るときにはホテルに宿泊してもらう方法を考えても良いでし

ょう。その方がお互いに気兼ねが要らないかもしれません。

10. 素材違いのタオルを減らす

タオルは同じ素材でそろえた方が良いです。洗濯後に乾くペースが同じなので管理が楽になります。美容院では用途別にすべて同じタオルを使っていますよね。だから何も考えずに使うことができるのです。もし、1枚ずつ厚みや素材が違っていたら、1枚ずつ扱い方を考えなくてはいけなくなります。

047

頭痛対策に持ち物を減らす

2年前くらいから頭痛が激減しました。少なくとも、頭痛をひどくしないためには「無駄に考えない」ことも重要のようです。そもそも、頭痛がひどいときは思考能力も判断能力も低下します。

おまけに、気分が悪いので良くない感情や表情が出やすくなります。そのため、大事な用事の時は注意が必要でした。そこで、できるだけ頭痛を誘発しないために、無駄に考えることをしないように心がけることにしました。

以前の私ならたとえばこんな風に無駄にものを考えていました。「夫に転勤の辞令がそろそろ出るかもしれない。引っ越し先はあの場所あたりになるかもしれない。ならば、今のうちにその場所の物件情報を調べておこう……」という感じです。その結果、結局転勤の辞令は出なかったのです。日々、調べたことは無駄でした。さらにそうやってあちこち調べ物をしていると決まって頭痛がしてくるのです。

本来、考える必要のなかったことを先走って考えて頭痛になるのですから困ったものです。確かに早いうちに調べておくことは有意義です。でも、結果として夫の勤務先の人が良い場所を教えてくれてあっさりと良い環境が見つかるなど、無駄に考えなくても良い結果が出る可能性はあったのでした。

さらには、現在、家と車を持っていません。家は賃貸ですし、車もありません。そのことで、考えなくてはいけないことがバッサリと激減しました。以前は、車2台（普通車）持っていたので、その都度、「税金払わなくちゃ」「保険更新、同じ条件でいいかな？」「車検はどこに頼もうかな？」「そろそろタイヤを買い替えなくちゃいけないかな？」「オイル交換はいつがいいんだっけ？」「そろそろ洗車しないと」「室内清掃も頼もうかな？」「最近、〜が調子悪いから見てもらわないと」「あのディーラーじゃなくて、別のところがいいかな？」「今度車検だけど買い替えた方が良いかな？」「車種はどうしようかな？」「駐車場ではドアの開け閉めに注意しないと」「エアコンの効きが悪くなったな」「ガソリンそろそろ入れに行かないと」「ガソリンはあのスタンドよりこっちが安いよね」「この小さい傷修理しようか放置しようかどうしようかな」「車検の費用はあの貯金から出そう」「今度の買い替えはいくらずつ貯めればいいかな」

……という風に、無意識レベルで、いろんなことを「考えて」いるのです。読むだけで嫌になりますよね。これが車2台分なら思考も2倍です。さらに、これに持ち家が加わると、もっと考えなくてはいけないことが増えます。今は、これらがないので、考えることが激減しました。

私の頭痛の原因が「考えること」にだけあるわけではありません。ですが、考えすぎるとひどくなりやすいし、頭痛の時の考えごとは辛いものがありました。物を所有していると、必ずそのことについて何かしら考えなくてはなりません。

ただしまっているだけでも同じです。ところが、持っていなければ考えずに済みます。これは、管理がラクなだけではなく、頭もラクなのです。頭痛のときにも余計なことを考えなくて済みます。

物を持つということは考えることが増えることでもあります。考えることが苦にならないなら、たくさん持っても良いですが、そうでないなら厳選した方がずっとラクです。捨てようか保管しようか迷っていたら捨てた方が良いです。何度も何度も迷うこと自体が負担であるからです。

048
物を減らしたいのに「本を買いたい」と困惑したら

「持ち物を減らそう」と思っているのに、「本は買いたい」という方、いますよね。この場合の「買う」は電子書籍ではなく、紙の本だと推測します。そもそも、本が増えてしまう原因は何でしょうか。そして、すべての本をフルに活用しているということはめったにありません。問題は「活用していない本」の扱いにカギがあります。

本の場合は、単純に数を減らしたから良い、悪いということではないのです。理由は紙の本の場合、形こそ「物」ですが、実態は「物ではない」からです。「物としての本」をコレクションしている場合をのぞき、**本を持つ意義とはその中身を吸収することです。**けれども、人によって、電子書籍では頭に入りにくいということもあります。たとえば私は困ったことに、相変わらず紙の本が大好きなのです。電子書籍は、たまに買いますが、少し割高でもやっぱり紙の本が好きです。第一、すべての紙の本が電子書籍での販売と並行していません。ですから本が好きな方は必然的に紙の本を持つことになりますね。

そして、さらに困ったことに、私は借りて読むよりも買って読むのが好きなのです。そしてまたまた困った（?）ことに、中古よりも真新しい本がいいのです。中古の本や、古書、図書館の本には、それなりの味わいもあります。けれども、中身は同じでも、読んだ内容が一番スッと頭に入るのは、やはり新刊でお金を出して買った本なのです。どうせ読むなら、内容を思いっきり吸収できた方がいいですよね。というわけで、やっぱり私は極力、紙の新しい本を買うのです。

では、家に紙の本がたくさんあるかというと、そんなことはありません。それは「手元に置かなくてもいい」と判断した時点で処分するからです。反対に、図書館からタダで借りて読んだ本でも「手元に置きたい」と思えば、改めてお金を出して買います。

本を買う基準は、「迷ったら買う」です。通常、物、服とかバッグとか食器などは、「迷ったら買わない」方が失敗しないと言われています。けれども本はちょっと違います。本に関しては、書店で見つけた時、「迷ったら買う」ことにしています。というのには理由があります。

書店に並ぶ本は常に変動しています。そして書店によって蔵書が違います。都内の大型書店はともかく、普通の規模の書店の場合は、在庫の検索機自体がないことがあります。同時に目当ての本を探すのも一苦労です。そして本のタイトルを忘れたり、検索機のヒットの感性が鈍かったりすることがあります。そのため、「在庫があるのにヒットしない」こともあるのです。

そのため書店で見つけて気になった本は、とりあえず買っておいた方が間違いありません。本は安いと思います。第一、出版のプロが一定の基準で「出版に値する」と太鼓判を押しているという前提もあります。もちろん、実際に読んでみた個人の感想は違うことがあります。けれども、書店に並んでいる本に、いわゆる多大な「ボッタクリ価格の本」はあり得ませんし、見たことがありません。そういう意味では安心して投資できるものです。

最悪「内容が薄かった」と感じても、その損失は、一冊当たり、せいぜい１５００円前後です。高くても３０００円くらいでしょう。新書、文庫ならば１０００円以下です。そして、その「失敗」は、身銭を切って真剣に「買うに値するものを選ぶ」経験値として自分の内面の糧（かて）となって蓄積されます。ですから一概に「損失」とも言えないのです。

また、人が一度に会って話を聞ける数などたかが知れています。そして講演会に行けば交通費や入場料などの金額は高額なことがあります。ところが本の場合は、直に話を聞いたとしたら、何時間かかるかわからない膨大な量を、わずか１０００円前後で知ることができるのです。しかも聞いた内容は右から左に流れます。それに対して本は、文字として記録されていますから何度でも繰り返して確認ができます。ですから本ほど、コストパフォーマンスの良い物はないのです。

本を服やバッグや食器などのような「物」と同列に考えないことも必要です。余計な物を持たない暮らしを目指していても、「買いたい」と思ったものは買えば良いのです。「持たない暮らし」とは、買いたいものを我慢することが目的ではないからです。本当に買いたいもの、手元に置きたいものがはっきりするというだけのこと。減らしたのに「本を買いたい」と思うのなら、それが自分にとって今、必要なものです。

049

水切りカゴを2個置きしたら、食器洗いの後片付けのストレスが解消

水切りカゴを2個に増やしました。私にとって水切りカゴは余分なものではなかったようです。何を省いて何を取り入れるか、それは他のみんなが省いていても自分に当てはまるものではないと知ることにもなりました。

「持たない暮らし」を心がける人の間では、圧倒的不人気を誇る水切りカゴです。私も一度撤去した水切りカゴですが、復活させました。しかも以前より水切りカ

ゴを増やしました。水切りカゴという「物」は増えましたが「手間」は減りました。

水切りカゴ自体はあった方が良いのです。ではいったい何が「不便」と感じさせていたのかというと、ひとつは水切りカゴの深さが原因でした。深さがあることでシンクで洗いにくかったのです。もうひとつは、食器の量に対して、容量が足りないことにありました。以前は、設置スペースを考えて小さめのものを使っていました。

新たに購入したものは以前より深さがないタイプです。そして「いっそ2個使いにしてはどうか」と思い付きました。けれども2個置けば、その分、空いているスペースはなくなります。それについてはこうです。水切りカゴを撤去しても、結局はシンクの横のスペースに洗った食器を広げることになります。だから水切りカゴを撤去してもスペースが空くわけではなかったのです。

食事の支度の頻度が少ない場合は、スペースが空いているのかもしれません。けれども家族がいる生活は食事の支度が連続します。仮に夕飯の後に洗って、水切りカゴに入れて洗い終えたとします。けれども翌朝には再び必要になります。

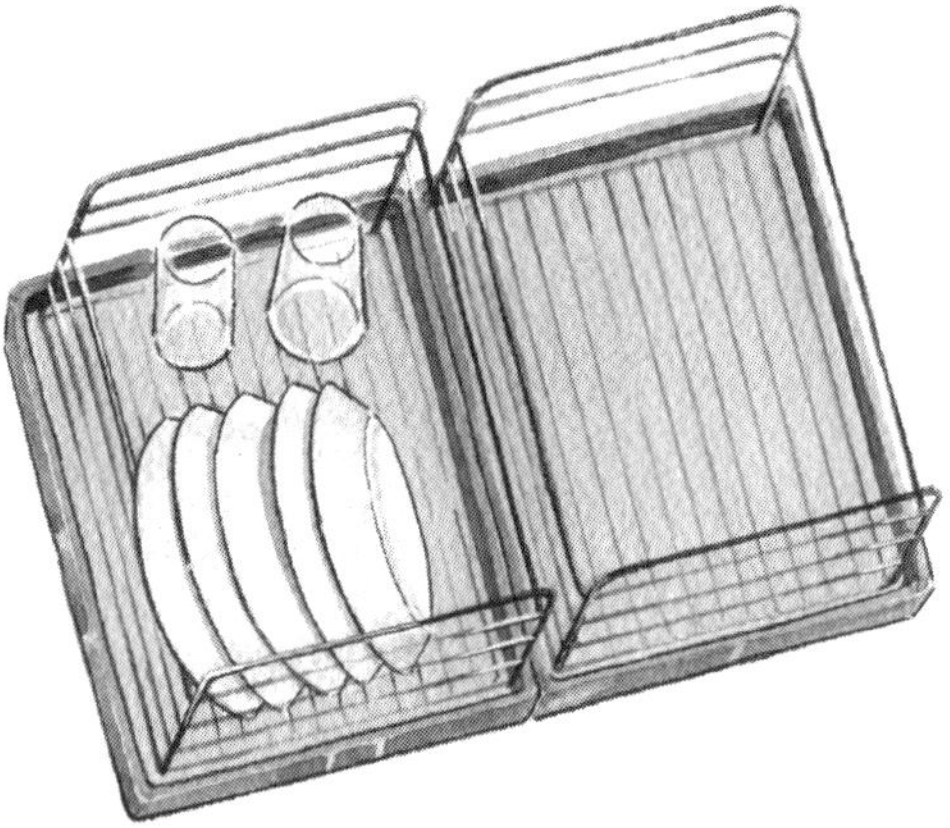

結局、シンク上が空く暇がないのです。
そしてこれは個人の感覚の違いなのでしょう。やはり私は拭いただけで食器棚にしまうことには、どうしても抵抗があるのです。食器には水気、湿気が残っています。それが苦手なのです。けれども水切りカゴを使えば、スッキリ乾いてからしまうことができます。
従来は、乾きかけた食器の上に、濡れた食器をかぶせることになっていました。たとえばある日は先に私と子供が食事をして、食器を洗います。そして時間差で夫が帰宅します。再び食器を洗うからです。けれども2個使いにしたら、これまでの不便がすべて解消されました。時間差の洗い物も2カ所あるから余裕です。そして水切りカゴ自体の手入れも、深さがないので簡単になりました。

今回、思い知ったことがあります。「減らす」「残す」は「人それぞれ」ということです。みんなが減らして「大丈夫だった」と言っていても、自分に当てはまるとは限らないのです。その代わり、他の「みんな」は「これだけは減らせない」物が自分にとっては平気という物もあるでしょう。

050

「箱退治」で片付けの自信がつく

何となく、家の中がザワザワしてきたなあ……と思ったら、とりあえず　すぐにスッキリ！　できる効果てきめんの方法があります。

よく「片付けは気合いを入れないとだめ」「まとまった休日を作ってでも」なんて言われています。確かにそうです。でも、「気合いを入れないとできない」と思ってしまうと、ハードルが高くなります。取りかかる気さえ起きなくなります。つい、「今度」「そのうち」と後回しの言い訳になってしまうものです。

手っ取り早く「スッキリ！」する方法は簡単です。「箱」を捨てるのです。本当はいらない物なのに、何となく保管している箱、箱、箱……。段ボール、商品が入っていた箱、それからショップバッグ（紙袋）も広い意味では箱です。

箱がなぜ家にあるのでしょう。何かを買ったからです。買う前に、箱はなかったはずです。まずは目に付いたものを、片っ端からつぶしていきます。

我が家も、つい先日「箱退治」をしました。あらためて「退治」してみたら、結構な数がありました。そして一番早いゴミの日に処分しました。段ボールは「宅配で送る時に必要かもしれない」と思って、いろんなサイズを保管していました。

これまでの傾向を考えると、我が家の場合は、①実家に送る、②本を買い取り業者に送る、③シーズンオフの服を入れる、の3つの利用法です。

考えてみると今シーズンの間に①②を使う予定はなさそうです。③も今は間に合っています。念のためひとつだけ保管しておいて他は処分しました。

それから、ありがちなのは物を買った状態で箱に入ったまま保管することです。

これらも全部出してパッケージやタグなども外します。とにかく、物本体だけを残します。それにくっついてきた物を処分します。それだけでも、かなりスッキリします。物自体を捨てるわけではありません。そのため、捨てるかどうかとさほど迷いません。罪悪感も起きません。

しいて言えば「何かに使うかもしれない」「キレイだからもったいない」という気持ちが起きることでしょうか。けれども今すぐ使う予定がないなら処分するのが賢明です。

家の中に不要な物が増えるのは「先送り」の結果です。箱をとりあえず保管して、パッケージやタグ、ショップバッグを処分するか使うのか決めなかったからこそ、です。こうした些細なことも積み重なると、部屋のザワザワ感につながります。

改めて箱退治をすると、膨大な量に驚きます。たいていは部屋のあちこちに分散しています。そのため、余分な箱があるとは感じないのです。けれども処分のために集めてみると相当な量があります。重量もあります。箱を処分するメリットは他にもあります。それは勢いが付くことです。ついでに他の場所もスッキリしたくなります。箱退治はハードルが低いからです。要らないことが明確で、捨てることにためらいを感じにくいからです。

箱を処分してスッキリを感じると自信が出ます。今すぐ実行できます。是非、試してみてください。

051 キッチン用品、「減らすべき物」の選び方

「キッチン用品を減らしたい。でも、何を減らしたら良いかわからない」そんな方のために、簡単な方法を紹介します。実際、私もこのようにして減らしました。

たとえばフライパンを例に挙げます。フライパンはいくつありますか？　大中小、3個ですか？　その3個のうち、使用頻度が一番低いものを選びます。小の頻度が低ければ、小が処分対象です。次に、お玉を例に挙げます。大小、2個あるとします。そのうち、使用頻度が低い方の1個を処分対象とします。

……と、こんな風に、同じ種類のうち、サイズ違いで持っているものを比較す

るのです。その中で一番使用頻度が低いものを処分します。仮にフライパンを3個持っているとします。第一段階では小を処分して、しばらく大中の2個で生活します。そのうち、もしかすると「大はなくても大丈夫」という場面がでるかもしれません。その場合は第二段階として大を処分して、残りは中1個だけという風になります。

台所用品のサイズ違いを持つと、どんどん増えます。「あるから使う」状態になります。でもサイズ違いは「なくても何とかなる」ケースが多いのです。初めは違和感を覚えますが、すぐに慣れます。私も以前はお玉を大小2個持っていましたが、現在は大1個です。

夜にカレーを作り、お玉を鍋に突っ込んだまま、翌朝を迎えます。すると翌朝になって「カレーの残りではなくてご飯と味噌汁を食べたい」と思います。そのとき、カレーに突っ込んだままのお玉を洗うのを面倒に感じて2個目のお玉を使っていました。

でも、しばらくして、カレーは食べきり量で作るようになりました。私は前日の夜に作ったものを翌日食べる気になれないことが多いと気付いたからです。仮に残ったとしても、お玉は夜のうちに一旦洗えば良いのです。そうすれば、お玉は2個必要ありません。こんな調子で「複数必要」と思っていたものは、ほとんどが不要と気付きました。

キッチングッズを減らすなら、同じ用途のサイズ違い、もしくは複数持ちを単体にすることです。

052 文具を減らす簡単な方法

片付けをしていると、家中のあちこちから同じような物や使っていない文具が出てきませんか。「多すぎるから、減らそう」と思っても、「どれも使える」のでやっかいです。

1．100円ショップで文具を買わない

基本的に、100円ショップで文具を買うのをやめれば、それだけで余分な文具が家に入りにくくなります。いつも使っているお気に入りの文具が100円ショップで売っていた以外は、買うのを控えます。100円ショップの文具が良くないわけではありませんが、必要のない物まで買ってしまいやすいのです。また、たとえばボールペン10本セットで100円とか、カラーサインペンが10本セットで110円とか、消しゴムが10個入りで100円など、普通の家庭で使うにしては数が多すぎる傾向にあります。

2. 使う文具を固定する

たとえば我が家の場合、ボールペンなら三菱ジェットストリームと決めています。それ以外のボールペンはどんなに安くても買いません。そうと決めたら、あとは時々替え芯を買えば良いだけです。なので、買い物するにも迷いません。替え芯なので低コストです。ボールペン本体もムダになりません。いつも書き味が同じなので、使い分ける必要もありません。

使用頻度、消耗の頻度が多いものは、使いやすいものを決めてしまいます。たまに100円ショップで、これらを発見した場合、他の店で買うより安ければ買いますが、意外にもホームセンターで安く売っていることは多いものです。

3. 文具入れに入る分だけにする

たとえば、私の文具入れは無印良品のペン立てです。夫の分はペンケースの中です。子供は学生なので多めですが、無印良品のペン立てとペンケースに入る分と決めています。それに入らないようであれば多すぎるということなので、使用していない物、劣化した物などを定期的に処分しています。

4.「使えない文具」は処分する

当然ながら、文具は劣化して消耗します。これらはマメに確認して「使えない物」は処分しておきます。これをしないと、いざというときあわてます。たとえばボールペンのインク切れで大事な電話のメモを取り損ねたりします。同時に、よく使う物は新しい物を適量キープしておきます。たとえば、新しい消しゴムを一定数キープしておくことで、子供がテスト、模試、受験のときにも慌てずに済みます。

文具は、消耗品ですが意外にひとつを使い切るのには時間がかかります。そのため、値段で選ばずに品質で選んでも、コスト的に大きな違いはありません。幸運なことに、日本の文具メーカーの品質は世界一ではないでしょうか。そうした恩恵を十分に受けながら、自分の生活に最大限活かす方が良いです。

053 実家の私物をゼロにする

今の住まいがスッキリしていても、実は実家に私物を残してはいないでしょうか。もしくは「かさばる物」を預けてはいないでしょうか。独身で実家に住んでいる場合では、自分の部屋はスッキリしていても実は他の収納スペースに私物を置いていないでしょうか。私の場合ですが、実家に預けてある私物はゼロです。

今の住まいがスッキリしていれば「実家に置いていた私物は無関係」と思うかもしれません。けれども、『ガラクタ捨てれば自分が見える』（カレン・キングストン著・小学館文庫）によると、たとえ目に見えていないものでも「持っている」ものは潜在意識が覚えているのだそうです。それが人を知らず知らず精神的に少しずつ疲弊させるそうです。実家が離れていても、自分の物が「ある」ことは潜在意識が覚えているということです。

私の実家の母は、昔から余分な物は持たない主義の人です。今は年老いたので、多少ペースダウンしており、台所など若干物が多い場所もあります。ですが、年齢の割には、家の中もスッキリしているし、余分な持ち物は少ないと思います。

20年以上前のことです。私の結婚が決まると、母から私の所有物に関して「要る物と要らない物の分別」を言い渡されました。要る物は全て結婚後の住まいに荷造りして持って行き、それ以外は「全捨て」と言われました。

仕事から帰宅すると、毎日、家中から廊下などに私の持ち物が出されていました。「荷造りしないものは全捨て！」ですから、初めは焦って分別していましたところが、しばらくすると不思議に「あれ？　思ったほどどうしても必要ってワケじゃない」と思うようになりました。結果として新生活先に持って行った荷物はそんなにありませんでした。

そんなわけで、結婚の時点で私のものは完璧にゼロの状態で家を出ました。結婚した直後でさえ実家に泊まりに行くときには、Tシャツ一枚残っておらず、旅行に行くレベルで着替えなどを持って行く必要がありました。つまり、実家に残した物は皆無ということです。

普通は、結婚後も娘の部屋はそのままにしておいたりしますよね。ところが、私が家を出ると、私が何年も過ごした部屋は、両親の部屋になっていました。両親がそれまで使っていた部屋は何も置かない第二の茶の間のように変わっていました。

このような経緯があり、私の物は実家に何も残っていません。まるで「下宿人が巣立ったあとみたい」と思いました。もちろん、写真も全部持たされました。結婚式の写真などは少し親のところにありますが、子供の頃の写真も全部持たされました。

これらのことを当時は「冷たい」と正直思いました。けれども、今にして思えば、それは最善だったのです。結婚をすると何かと忙しく、子供が生まれるとしばらく片付けどころではなくなります。やはり結婚前のフットワークの良い時が最善の片付けどきだったのです。もし、あのとき、要らない物を処分していなかったら、第一、両親の生活に負担をかけたでしょう。娘の物でも人の物なので、捨てて良いかわかりません。

結果として年老いた親の住まいはスッキリ暮らせないことになります。もちろん、私も処分をする時間、手間、体力も余分に必要になります。今は若い方でも、本当に月日が過ぎるのは早いのです。もし、まだ実家に私物を置きっぱなしにされているとしたら、できるだけ早めに自分の物を片付けることが親のためにも自分のためにもなります。

「実家」に置いてある荷物は、「見えない天袋」にしまい込んだ余分な物と意味は同じです。

054 食器を減らす方法

食器はどうして増えてしまうのでしょうか。まずは食器が増えてしまう原因を挙げてみます。

・食器を買うのが好き…食器そのものが好きで、行く先々で買ってしまう方です（趣味の否定はしません）。

・頂き物の食器が多い…引き出物の食器や景品の食器が多い例です。自分の生活や好みに反して入ってきますので、必要な条件とは合わないことになります。

・来客が多い…来客に食事を出すため、食器が多い場合です。家族はそんなに多くを必要としませんが、来客のことを思うと捨てられないというケースです。

・家族の人数が減った…子供が進学、就職、結婚などで家を出たにもかかわらず、元の食器をそのまま持ち続けているケースです。夫婦二人だけなのに、たくさんの食器を持ち続けています。

・好みが変わった…好みが変わり、新たに食器を買ったにもかかわらず、元の食器を処分せずに持っているケースです。

「食器を減らせない原因別対策」は次のようにします。

・食器を買うのが好き→買って良い種類の食器を決めます。たとえば「蕎麦ちょこ」だけ、「湯のみ」だけ、「豆皿」だけ、……などです。旅先でも、決めた種類の食器なら制限を決めずに買ってよいことにします。その代わり、それ以外は趣味のために買わないことにします。

・頂き物の食器が多い↓使いたいものは、すぐに箱から出して使います。それ以外は手放します。たとえば、リサイクル店に持って行くか、次のゴミの日に地域のルールに従って処分します。

・来客が多い↓コテージ、リゾートマンション、葬儀会場が手本になります。これをヒントにすれば来客が多くても少ない数の食器で間に合うヒントになります。ここで驚くのは決して多くない食器なのに、大人数にも対応できることです。その理由は、シンプルで種類が限られている食器が中心であることが挙げられます。

・家族の人数が減った↓「家族が帰ってきたときのために」と、頻度が少ないのに、全く食器を減らさないケースです。これは食器が減った↓家族が減った↓さみしい↓認めたくない↓空いた空間がさみしい気持ちを表現している気がする、という内面的なことが原因のことが多いのです。家族が巣立つということは親である自分の助けを必要としなくなったこと。つまり自分が必要とされなくなった事実を受け入れたくなくて食器を処分しないケースです。多くの実家の親が食器を処分したがらない理由はここにあります。親のことはそっとしておいてよいのですが、これを読んでいる方であれば、自分の判断で決心してはどうでしょうか。

・好みが変わった↓好みが変わったことを自覚すれば、処分の決心がつきます。同じ用途でダブッている種類の古い方を処分します。

食器を少なく持ちつつ、不足を生じさせないためには次の方法にします。減らすと言ってもすべてが実用では楽しくありません。そこで、実用性を求めるものと、色柄を楽しむものに分けて用意します。たとえば、皿などは実用に徹し、ティーカップは色柄デザインを楽しんで好きに選ぶというようにです。または毎日使う茶碗、お椀、箸などを好きなデザインにするなども良いでしょう。

食器は洋服と違い、畳んだり吊るすことができません。そのため、種類が違うと重ねられません。そして収納スペースを必要とします。ですから、できるだけ同じ種類でそろえる方がスペースは少なくて済みます。先ほども書きましたが、コテージ、リゾートマンション、葬儀会場に用意されている食器などをイメージすれば、少ない数と種類でも多くの場面と人数に対応できます。

そして意外なことですが、食器は枚数が少なくても、種類が多い場合、収納スペースを多く必要とします。そうすると数は少なくても少なく見えません。枚数が多くても種類を減らす方が数は多いのに少なく見えるという現象が起きます。それは同じ種類は一ヵ所に重ねられるからです。ですから食器を減らすなら、数よりも種類を減らすことに注目します。それでも処分を迷う食器はとりあえず、段ボールなどに別に分けておきます。その状態でしばらく生活してみます。しばらくして、「なくても大丈夫」と思えば安心して処分できます。

また、食器が増える原因に、和食、洋食、中華、デザート、おやつ……などにそれぞれ雰囲気に合わせたものを使おうとするのも原因です。けれどもシンプル無地の白い食器ばかりでは面白くありませんよね。こうしてはどうでしょう。たとえばパスタを和食器に盛り付ける、ちらし寿司を洋食器に盛り付ける。このように一見アンバランスに思える組み合わせでも案外素敵に見えるものです。それぞれの雰囲気に合った食器でなくてはだめということはないのです。意外な組み合わせを楽しむことができます。

食器は女性にとって、洋服の次に処分が難しく増えやすいものです。特に実家の台所に多くの食器があるなと感じても、なかなか片付けに合意してもらえることはありません。かと言って、年配の女性の価値観を否定するのは好ましくありません。そこで、まずは自分の食器の見直しをしてはいかがでしょうか。手本を見せれば、自然と親世代の方も、「ちょっと整理してみようかな」という気持ちになってくれるかもしれません。

055
自分の写真を全捨てした理由

私は数年前に出産前の自分の写真は全捨てしました。出産後の写真を捨てていないのは子供が写っているからです。子供が写っている写真を私の一存で捨てることはできないというシンプルな理由です。出産前の写真ということは、もちろん、子供の時の写真も、成人式の着物の写真も、夫と出かけた時の写真も、結婚式の写真も、です。

はっきり言って、これは皆さんにお勧めはしません。あくまで私が自己責任で勝手に処分しているだけです。

まず、夫が一緒に写っている写真について「怒られないのか？」という疑問についてですが、これは問題ありません。夫は写真を撮影することに全く興味がありません。出かけた先で撮影した写真はすべて私が撮影したものです。なので、私が撮らなければそもそも一枚もなかったはずの写真です。

結婚式の写真は、それぞれの実家にまだたくさん同じ写真があります。夫も私も昔の写真を見て悦に入ることはないので問題ありません。

（自分の）子供の頃の写真まで処分するというのは「やりすぎ」と思われるでしょうか。でも、結婚したときに親からすべての写真を渡された時点で、写真の役目は終了していると思いました。

後は、私が保管しておきたいと思えば保管をして、不要と思えば処分をするだけです。

もちろん、いきなり全捨てしたわけではなく、段階を踏みました。最終的に、すべて処分をしましたが、思い出は記憶としてきちんと残っています。

人間には「記憶」という素晴らしい思い出保管装置があるのですから、それで十分と思います。

056 「たたむ服」を減らせば服が減る

服はどのように収納していますか？　もし、今より服を減らしたいと考えているならば、手っ取り早い方法があります。それは、できるだけ「服をたたまない」ことです。

たたむ収納は、吊るす収納と比較して同じスペースに、より多く入ります。たくさん入るのは良いと思われがちですが、この利点が欠点にもなります。

また、「たたむ」作業は手間がかかります。時間がなかったり、面倒に思ったりすると、とりあえずソファの上に置いてしまうことが散らかりの原因になります。もともと、几帳面で、たたむ作業が苦にならない人には何でもないことかもしれません。けれども多くの人にとって「たたむ」作業は面倒であるはずです。

私は、いっとき、「たたむ収納」にしようと試みたことがあります。けれども、やっぱりしばらくすると元に戻ってしまい、丁寧にたたむことが億劫で仕方ないのでした。

それで気付いたのは、とにかく、自分の能力を過大評価しないことでした。未来の自分にも期待しないことです。「洋服をたたむことが苦手で、できるなら一枚もたたみたくない自分」を認めることがスタートです。

そうすれば、洋服は吊るして収納可能な量だけに絞ろうという気になります。「たためば、まだ収納可能だから捨てずに済む」と思うことがなくなります。

初めにクローゼットに何本のハンガーまでなら、無理なく出し入れできるか計算します。そして、そのハンガーの数だけ、服を残します。

数年前に「すべての服を可能な限り吊るす収納にしよう」と思い立ちました。その結果、洗濯で外に干すために出した服を、そのままハンガーごと取り込んで、クローゼットにかけるだけなので、本当に楽になりました。たたまれるのを待っている服にプレッシャーを感じることもなくなりました。

本当は下着も吊るす収納にしたいのですが、スペースがありません。なので、これだけは適当にザッとたたんで各自別&アイテム別に分けた収納場所に放り込むようにして収納しています。ズボラ収納です（扉を閉めると見えません。下着、ソックスはきれいにたたまなくてもシワが気にならないから可能）。シーズンオフの服だけはたたんでいます。

「たたんでしまう」服は、シーズンオフとインナー、ソックスだけなので、多くの数を収納できません。けれども逆に、これが余計な服を増やすことに抑制が効くことになっています。同時に洗濯物の取り入れ後も楽です。

057

なぜ、ハンガーを統一すると服を減らせるのか

本気で服を減らしたいのなら、ハンガーを統一することをお勧めします。え？「ハンガーをそろえることと、服の数を減らすことは関係ない？」はい。確かにそうです。ハンガーをそろえなくても、厳選した服でスッキリ暮らしている方はいます。

結論から言えば、ハンガーを統一しなくても服は減らせるし、整理もできます。けれども、それができない人は、あえて「形から入る」ことが結果を出すことにつながることがあるのです。その理由として、ハンガーをそろえるためには、新たに買わなくてはいけません。お金が必要です。このときなるべく「支出を抑えたい」と思うのが普通です。となれば「できるだけ少ない数のハンガーにしたい」という思考に至ります。同時に、「買うためには、何個のハンガーが必要なのか？」と具体的に数を吟味しなくてはなりません。つまり、ハンガーを買いそ

ろえることで、「ハンガーを買う費用に値する服を厳選する」ことを半強制的に行うことになるのです。

多くの場合、なかなか服を減らせないのは、処分する決断が付かない状態です。しかも、要るか要らないかは他人が判断できません。だからいつまでも減らせないのです。ところが「ハンガーを新たに買う」ことにした途端に自動的に「本当に必要な服」を選び出す行動につながります。

また、最終的にはハンガーがそろうことで見栄えが良くなります。すると「この見栄えを維持しよう」という心理が働きます。このようにハンガーをそろえる意味と効果はあるのです。「ハンガーがバラバラでも服を減らすこととは無関係」と思っているのなら一度だまされたと思って試してみてはいかがでしょうか。

058 部屋着を減らす方法

部屋着が増えて困っていませんか？ 実はその人によって「部屋着」のイメー

ジが違います。ある人はパジャマに近いものですが、別の人にとってはワンマイルウェアに近いものであったりします。また、来客が多い方の部屋着は「おもてなし着」であることもあります。

部屋着を減らすコツの候補は次の通りです。

1. パジャマ寄りなのか、ワンマイルウェア寄りなのか決める
2. シーズンあたり2～3セットに限定する
3. 外出着の格下げで部屋着を増やさない
4. 部屋着をわざわざ買う

まず、「部屋着」の定義を決めます。

◎パジャマ寄りの場合

フルタイムで仕事をしており、一人暮らし、もしくは夫婦だけなどで、家にいる時間が極端に短く、帰宅時間が遅くて家にいるのも休日くらいの方。こうした方はどちらかと言えばこちらの定義に考えているのではないでしょうか。そもそ

も家にいる時は人が急に訪ねてくる環境にあまりない方です。この場合はひたすらリラックスできる服装を好み、パジャマに近い部屋着を着ている場合が多いと思います。

まず、「人に見せるわけではないから、どんな状態でも構わない」と思い、古い外出着を格下げすると無制限に部屋着が増えます。外出着を部屋着に格下げすること自体は合理的です。けれども要らなくなった服を「部屋着に格下げできる」という半端なルールがあると、買い物での選び方が甘くなります。

◎ワンマイルウェア寄りの場合

子供がいる、日中、家にいる機会が多い等の場合は、急に誰かが家を訪ねてくることがあります。近隣とはいえ、急に出かける用事ができることが日常茶飯事の方です。この場合は、すぐに外に出られるようにワンマイルウェアと部屋着を兼用している感じでしょうか。

この場合は、ワンマイルウェアと兼用なので、人に見られても構わない服という前提になります。そのため、上記のパジャマ寄りスタイルよりも、状況によってはセット数をもう少し多めに用意することになるかもしれません。ただし、本人が気にしなければ（いつも同じ服……と思われることに抵抗がなければ）、2〜3セットでも間に合います。

幼稚園、習い事の送迎などで毎日他の方と顔を合わせる機会がある場合、いつも同じでは抵抗があるなら5セット程度用意しても良いです。その辺は自分で判断します。

「いつも同じ」と思われたくないけれど、服を多く持ちたくない場合は、ボトムスをベーシックな物にして、トップスだけを変える方法があります。人はトップスには目が行きますが、ボトムスのベーシックな物まではいちいちチェックしないのが普通です（よほど執念深くチェックしていれば別ですが）。トップスは5セットあるけれど、ボトムスは3セットというように、です。

◎シーズンあたりの枚数をきっちり決める

部屋着はシーズンあたりの枚数を決めるのが一番です。季節にもよりますが、基本的に、秋冬は2セットあれば十分です。春夏はもう少し多くします。それに加えてあとは羽織り物程度です。洗濯のサイクルの関係などで2セットでは不安があるなら3セットくらいでしょうか。シーズン初めに、2〜3セットを決めてしまい、それ以外は処分します。ワンマイルウェアに近い部屋着の場合は、状況によって必要数を決めます。

古いものを簡単に捨てずに、できればとことん使い切りたいものです。そういう点では古い外出着を部屋着に格下げするのは合理的と言えます。ただし、これには欠点があります。**それは格下げした捨てられない部屋着がどんどん増えること**です。気に入らなければ「部屋着にすればいいや」という感じで、服を買うときによく吟味しない理由になります。ですから、初めから部屋着として、状況や季節に合う吟味した1枚を買うのが理想です。

ただ、古い服があると「もったいない」と感じます。実は初めに部屋着をわざわざ買うことで、「部屋着にすればいい」という抜け道をなくす効果があります。

第6章

「生活」をシンプルに

059 玄関やベランダに極力物を置かない

玄関やベランダなど、来訪者から見える場所には、極力物を置かないようにしています。

玄関のたたきに出しておく靴は、家族の人数分だけにしています。我が家は3人家族ですから3足までです。他は下駄箱の中にしまっています。本当は、すべてしまいたいのですが、その日に履いた靴の湿気を飛ばす目的で出したままにしています。

ベランダにも、余計な物を一切置かないことにしています。大分前にガーデニングなどはやめましたので、ほとんど物を置いていません。物を置いていないので、虫などが隠れる場所もありません。掃除も簡単です。

ベランダは、多方面から見える場所です。部屋の中ではありませんが、この場所をスッキリしておくことは防犯の意味でも「隙を見せない」ことにつながります。

おそらく、家の中に物が多いと、玄関先、ベランダなど外から見える場所も物が多いことでしょう。物を持つ価値観は人それぞれです。けれども、客観的に整理されていない状態で無造作に物が置いてあることは、決して良い印象を与えないと思われます。

「どう見えるか」については、服や小物だけではなく、その家の様子についても気を配るようにしていきたいものです。

060 買い物から帰宅したら、真っ先にすること

食品以外の買い物をして帰宅したら、真っ先にあることをします。「たったそれだけ」のことですが、この習慣は明らかに物の持ち方の意識を変えます。

それはハサミとゴミ箱を持って来て、すぐに商品タグを外すことです。ラベルなどもすべて取り去ります。袋や間に入っている紙などもすぐに捨てます（ただ

し、交換などの可能性がある場合は、確認したあとにして下さいね）。

なぜ、このようにするかですが、買ったままの状態で保管すると、いざ着るときになって慌てるからです。急いでタグを切ってうっかり穴をあけたり、引っかけたりしては泣くに泣けません。

インナーやソックスなどは、買った状態で保管する人もいるかもしれません。ですが、すぐにタグ類を外せば「すぐに使うことを前提に物を持つ」意識が高まります。

雑貨などは箱も捨てます。家電の場合はシーズンオフに箱があった方が良ければ保管しますが、それ以外は処分します。

ショップバッグは枚数を4、5枚程度までとして、それ以外は捨てます。買い物をすると品物自体より箱や包装紙がすごくかさばります。これらはキレイなものもあり、処分するのに気が引ける場合がありますが、迷ったら1週間だけ保管します。その間に「必要な用途」が見つからなければ処分します。

ちょっとしたことなのですが、意外に侮れない習慣です。物を減らしても家の中が何となくざわついていると感じる理由は箱、包装紙、ショップバッグなど、買った時の包装資材が原因のことがあります。思い切って、これらを全部処分すると驚くほど部屋がスッキリしてスペースも生まれます。

061 バッグの中身は帰宅後全部出す

帰宅したら、バッグの中身はどうしていますか。私は最近、帰宅後、中身を全部出すことにしています。これは、日常用のバッグだけではありません。旅行やレジャーなど、いつもと違うバッグの場合も同じです。その理由は「余分な物を入れっぱなしにしない」ためです。

以前は、わざわざ全部出さなくても、要らない物だけ取り出せば良いと思っていました。けれども、バッグの中には必ず部屋と同じように「死角」が存在します。全部取り出したつもりが取り出し忘れることがあるのです。それが日々、積み重なるとますますバッグの中がゴチャゴチャする原因になります。

バッグの中も部屋と同じですね。定期的にリセット作業をしないと、余分な物に気付かず何も感じなくなってしまいます。一旦、全部取り出すことで、次は「本当に必要な物」だけを「戻す」（入れる）ことになります。

062 旅先に、ひとつだけ持参するなら「アレッポの石鹸」

最近、肌の調子がよくありません。そこで、以前使用した石鹸に戻しました。それは「アレッポの石鹸」です。オリーブオイルが原料の保湿効果がある素朴な石鹸です。

はじめは、独特の香りに抵抗がある人もいますが、肌への刺激の少なさ、しっとり感、髪の毛も洗えてしまう万能性は素晴らしいです（シャンプー後のリンスはいつもパックスナチュロンという製品を使っています。この石鹸の独特の香りが気になる場合は、ラベンダー入りタイプを使うとあまり気になりません）。薄いメイクも落とせます。

帰省や旅行のときは、この石鹸をカットして持って行きます（しばらく入浴中の浴室に置き、ぬらした状態でゆっくりカットします。乾燥した状態では欠けやすいです)。

この石鹸を、以前、軽いアトピー体質の妹にあげました。すると「これまで使った石鹸で一番合う」と言われました。ただし、乾燥体質の人には合いやすいですが、脂っぽい体質の人には合わないかもしれません。また、顔を洗ったときにしっかり目を閉じないと、目に染みやすいです。

シャンプーとしての使い方のコツです。はじめに、ぬるま湯で地肌の汚れを十分に流します。次に、生え際などに石鹸を静かになでつけます(石鹸はぬらしておきます)。このとき髪の毛をこすらないように気を付けます。髪の毛を泡立てネット代わりにするイメージで、静かに揉み込むようにしながら十分に泡を立てます。泡が出にくいときは、汚れに対して石鹸が足りないということなのです。再度、石鹸をなでつけます。もう一度揉み込んで、充分に泡が立ったら、地肌を洗う気持ちで洗います。丁寧に洗い流します。リンスをしてしっかりすすぎます。注意点としては、髪の毛同士をこすらないよ

うにします。

自分の髪や肌に合い、使用感などに納得がいくならば、シャンプー、リンス、ボディシャンプーが、この石鹸一個とリンスだけで間に合います。シャンプー、ボディシャンプーよりも費用が少なくて済みます（使用している量、価格にもよります）。

063 収納ボックス一段を空けておく

提出する書類、これから使う書類の一時置き場を設けました。といっても、無印良品パルプボードボックス4段の一番上の段をその場所に空けているだけ、というシンプルな方法です。

暮らしの中では何かしら書類の提出物があります。ところが、これまで注意を払ってきたのは「保管」をすることだけでした。けれども、書類の役目は保管だけではありません。記入する書類を受け取ったら、記入、提出、提出した後、完全に役目が完了して保管する段階になるまで……は、しまい込めない場合があります。

書類に関しては、先日、本を収納するために購入した無印良品のパルプボードボックスの上段を、この用途に使うことにしました。偶然、プリンターのすぐ隣の位置なので、コピーをとるにも、プリントアウトした直後に置くことができるので効率も良いです。このボックスはＡ４サイズのクリアフォルダーがスッキリ収まります。

衣類で言えば、「一度着たけれど、洗濯をしないから、クローゼットにしまわずに一時保管しておく」状況と、食品で言えば、「開封した食パンを、食べきるまでに一時保管しておく」状況と、食器や調理器具で言えば、「洗い終わった後、完全に乾燥するまでに食器棚にしまわずにいる間」……と似ています。

このように半端な状態や収納場所にしまえない状態の物の置き場を決めることは重要です。これがないと、家の中が散らかっていきます。「収納」は使っていない状態の保管がメインですが、使用中の物の保管場所と置き場所を決めることで、室内の散らかりと紛失物の予防ができます。

064

観葉植物はひとつだけ

我が家には観葉植物がひとつだけあります。高さは現在2メートル位あります。これを購入したのは、13年前です。この植物はカシワバゴム、もしくはカシワゴムと言います。購入当時よりかなり伸びました。人気のウンベラータと少し似ていますが、葉の色は濃い緑色です。葉の厚みもあります。

この植物は、とても丈夫です。寒い所でも暖かい所でも、暗い部屋でも明るい部屋でも、水をやり忘れても持ちこたえます。これまで、様々な場所に順応しました。真冬や真夏に1週間前後、家を留守にしたことがありますが、その間も平気でした。

これがひとつあるだけで、全然部屋の印象は違います。そして、床置きですから、水やりでうっかり濡らしていけないものにかかる心配がありません。鉢が単独で部屋の床にあるからです。

難点と言えば、年々大きく成長し、動かすことが難しくなっていることです。以前は手入れのために移動することもありましたが、最近は葉を時々水拭きするくらいです。

手入れは、土の表面がカラカラになった時に水をやるだけです。冬なら、2週間に1回程度の水やりだけです。少々忘れても平気です。あとは、固形の肥料を土の上に置き、液体肥料を突き刺しておくだけです。ほとんど手入れらしい手入れが不要です。そろそろ土の入れ替えをしないといけないと思っているのですが、10年くらい一度もしていません。自慢する話ではないのですが。そのくらい、手間いらずで丈夫だということです。

縦に高さがある物は、その空間に奥行きが出ます。それに高さがあっても床のスペースは同じです。小ぶりの低い植物も、高さのある植物も、鉢のサイズが一緒ならスペースは同じです。状況が許すのであれば、できるだけ高さのある植物を置いた方が、同じ空間でも印象が良くなるらしいです。もちろん、小ぶりの植物もかわいいです。

私はまめに世話する器用さがありません。そのため、こういう植物の置き方が性に合っているようです。

植物は、これひとつだけなので、手入れも最小限です。大きいけれど、スペースは多くを必要としません。

それから、適度な量の植物は空気をきれいにする効果もあるらしいので、一石二鳥です。

065 普段使いのハンカチは2枚

私の普段使いのハンカチは2枚で間に合っています。どちらも吸水性に優れていると評判のタオルハンカチです。1日1枚を交互に洗濯しながら使っています。タオルハンカチはアイロンをかける必要がありません。少しかさばりますが、私はハンカチをバッグに入れて持ち歩くので、薄くなくても良いのです。**優れているのは、第一に吸水性です。**濡れた手を拭くとスッキリ水気を吸収してくれます。ときどきありますよね、吸水性が良くないハンカチが。

それから、夏場に冷えたペットボトル飲料を買ったとき、このハンカチでくるんだり、他の物との間にこれを仕切りのように間に挟んだりします。結露で他の物が濡れるのを防ぎます。そして手触りが良いです。

ハンカチを2枚しか持たなければ、1枚は洗濯中か干している最中で、残るは1枚だけなので、たたんだりしまったり整理したりしなくて良いから楽です。

066

ボールペンは定番品に統一する

我が家では数年前からボールペンの定番品を決めています。三菱の「ジェットストリーム」というボールペンです。

時々、景品でボールペンを頂くことがあります。我が家では定番品が決まっているので、「困ったなあ、使わないんだけど……」と思っていました。こういう時は、角が立たないように受け取ってしまいます。

ただ、あるとき、社名入りではありましたが、いつも使っているボールペンで、芯の太さ違いの物を受け取ったことがありました。興味を持ったので使ってみました。

ずっと0・7㎜を使っていたのですが、それは0・5㎜でした。使ってみると「こっちの方が使いやすい!」と実感しました。そして0・7㎜を使い切りそうなタイミングで、全部0・5㎜仕様に買い替えていきました。

現在、我が家にあるこのボールペンは10本です。家族3人いますから、一人あたり3本くらいということです。このくらいがちょうど良いようです。

文字を書く機会はデジタル機器が普及してもなくなりません。そういうときに書きやすいボールペンとそうでないものとでは字の出来不出来がまるで違います。

また、このペンはボールペンにありがちなアクシデントがありません。インクが無駄についたり、かすれたりすることもありません。サラサラとなめらかな書き心地で、インクが入っている限り、ずっと一定の書き味です。

ペン類の定番品が決まっていない場合、何かを書く都度、「これはメモ書きだから、このペンでいいけど、これは大事な書類だから、このペンじゃないとだめ。あれ？　どこ行った？」というように、いちいち考えて使い分けるという無駄が生じます。

たかが「ボールペンの統一」ですが、「書いた仕上がりが常に同じ」ことは、大きなメリットです。１００円ショップなどで10本１００円……のような物は、当たり外れがあるようです。それよりも割高ですが、品質は確かです。割高な価格以上の大きな価値があります。

このように、家の中のプチストレスを見過ごさないことが重要です。些細なことですが、積み重なると大きい影響があります。

自分なりに使いやすいものを少しずつ探していき、自分なりの定番品を見つけるのは暮らしの中の大きな楽しみです。

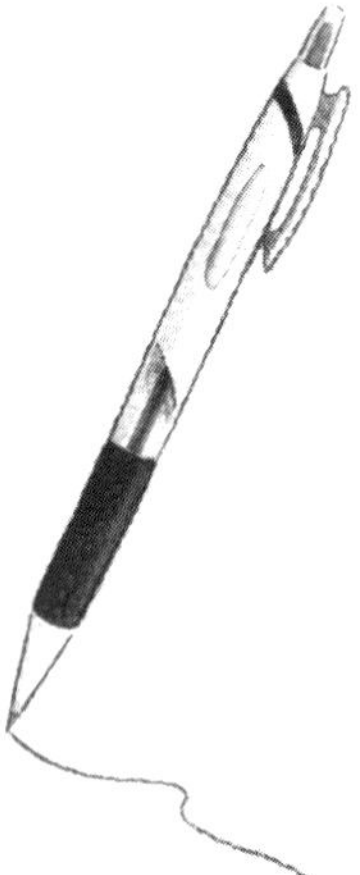

067 自販機で白湯は売られていないから、携帯マグを持ち歩く

世の中には何でも売られていますが、白湯だけは売られていません。

体調によってお茶類ではなく白湯を持ち歩きたいことがあります。そういうときには、自宅から携帯マグに白湯を入れて持って行くのが一番です。

ガブガブお茶を飲みたいわけではない。けれどもちょっとのどが乾燥する。春先に咳が出やすいような状況の前に、一口飲めば落ち着く。……そんなときのために冬場から春先には必ず携帯マグを持参します。

また、甘酒を入れて持ち歩くこともあります。

朝早く外出をして朝食はまだ入らない。でも何かエネルギー補給をしておきたい。そんなときには甘酒が最適です。胃腸に負担がかからず温かいし、エネルギーも補給できます。

外出の時間と場所に応じて、入れる量は必ずしも満タンにはしません。たとえ

ば、病院にちょっと行くような場合は待合室で、軽くのどを潤せれば良いので、半分くらいしか入れていかないこともあります。

ちなみに容量は200㎖です。サイズはボールペンの高さと同じくらいです。このくらいで十分です。小さいからバッグに入れてもかさばりません。高さがないので横向きにしなくても立てて入れられます。

冬場に温かい飲み物が欲しくて自販機で買うこともあります。けれども欠点は外側は熱いけれど、飲み物は思ったより温かくないことです。それに飲み残しはどんどん冷めて行きます。

その点、携帯マグならば、飲みかけでも残った飲み物は、しばらくはかなり温かいままです。

もちろん、少しは節約にもなります。時にはコーヒーを入れることもあります。けれども最近の基本は白湯です。白湯を入れるとにおいが移らず手入れが楽な点もメリットです。

巷で一番多く販売されている容量は冬場なら350㎖と500㎖のようです。

状況次第では多めの容量が必要かもしれません。ですが200㎖ならば、コンパクトなのでかさばらず、軽いのでお手軽です。

それ以上の飲み物が必要な場合には自販機で買うことにしています。

第7章

「着る」をシンプルに

068 「ダサい服」をゴミ袋に入れてみる

先日読んだ『服を買うなら、捨てなさい』（地曳いく子著・宝島社）を再確認して、思い切って「ダサい服」を捨ててみることにしました。

まずは、何も考えず「ダサい」服を全部捨てることを前提にゴミ袋に入れてみました。

結果……「まずい！　着るものがなくなってしまう！」という状態に陥りました。

・ゴミ袋に入れたダサい服

チュニック
長袖カットソー
ワンピース
厚手襟付きシャツ

タートルニット　2枚
アウトドア用のウィンドブレーカー
ストール

本当は、もっと「ダサい」服がありましたが、着るものがなくなりそうなので、100％排除したわけではありませんが（2枚しかないフリースとか）、クローゼットには、わずかな服だけが残りました。

ゴミ袋に入れた服は、当時は気に入っていたのですが、今見ると「なんでこんな服を？」の思いが湧くものがあります。買い物時は平常心を保つのが難しいです。試着も店と家では違います。たいてい失敗するのは、店で試着したときは良かったのに家に帰ると全く印象が違うというパターンです。

考えられる理由は、

・店の試着室の鏡が怪しい…噂によると、実際より細く見える鏡を設置している店もあるらしいです。なので、本当のイメージと試着室のイメージでは違いが出ることがあるのかもしれません。

・店の雰囲気に飲まれてしまう…店では普通の印象でも家に帰ると全然普通ではなかった、違和感があった、という経験があります。

・「せっかく買い物に来たから、何か買わなくては」のあせりで買ってしまったこともあります。

こうしてみると、店頭の買い物は、「いかに平常心を保つか」が成功の秘訣なのです。上記の服を間引いた後の服だけで、しばらく生活してみます。本当は、ゴミ袋に入れた服はスッパリ捨ててしまえば良いのですが、さすがに残りの服が少なすぎます。期間は2週間程、様子を見ます。それで問題なければ捨ててしまうつもりです。

そのかわり、矛盾しているようですが「足りない」服もあると気付きました。それはジャケットです。これは選ぶのが難しいですが、ノーカラーのジャケットを探す予定です。捨てて買う……一番良くないですね。でも、これを反省して、よく考えて失敗のない服の計画を立ててみます。そうやって、どれをとっても「どうでも良い服」が一枚もない、ダサくない服だけを持つのが目標です。

069 シャンパンゴールド色の小物で脱無難

普段、よく使うバッグと、毎日使う財布の色はシャンパンゴールド色です。これが、予想以上に使えます。普通、「使い回しがきく色」といえば、小物ではブラックやベージュ、ブラウンをイメージしますよね。確かに使えます。特にブラックならば、改まった席にも持って行けます。でも、実際は「なんか地味？」の雰囲気になってしまい、パッとしない経験がありませんでしたか？

特に、冬になるとブラックやベージュのコートを着る機会が増えます。となると、バッグの色まで同じでは全体が重くなります。それだけでなく、たとえばブラックのコートにブラックのバッグを持っていると、同じ色が増えるので膨張して見える分、太って見えるようです。ところが、シャンパンゴールドの場合、黒いコートでもベージュでもパッと明るくなります。

そして、アクセントにもなります。また、違う色なので膨張しません。何より持っている自分の気持ちが明るくなります。使い慣れない頃は「ハデかな？」と思いましたが、割とどんな色の服にでもなじむので驚いています。

しかも、若干、ほんのりピンクっぽいので、ホワイトでなくてもレフ効果もあるような気がします。日常であればこの色はオールシーズン使えます。使い回しがきく色といえば、白、黒、ベージュのイメージがありますが、バッグなどの小物に限ってはシャンパンゴールドもお勧めです。

070 黒のワンピースが想像以上に出番がなかった理由

黒いワンピースって、「本当に便利？」「本当に万能？」と思ったことはありませんか。この種の服は、着回しがきく便利な服の代表として、様々なファッション指南本や雑誌に紹介されています。私も過去に何度か黒いワンピースを手に入れました。けれども、現在は持っていません。どうしてなのでしょうか。理由はシンプルです。

「出番がない」

それだけです。黒いワンピースは、アクセサリーや小物、他のアイテムとの組み合わせで、フォーマルのきちんとした場面から、ちょっとしたお出かけ、カジュアルなお出かけ……と様々に対応できるはずでした。

ところが、いざ、そうしようと思うとまず出番がないのです。他のアイテムを組み合わせても広い面積の「黒」は思った以上にインパクトがあります。せめて秋冬であればコートを着て、季節柄、重い色でも何とかなります。ですが、春〜夏は見た目が重いと感じました。

しかも、実家の母から「そのワンピースだけは着ないで」と注意されました。恥を承知で言うと、私は「シンプルでオシャレ」と思っていたのです。ところが、母の目から見ると、そのシンプルな黒いワンピースは私を「幸福にはしない」と見えたようです。実際、母から「それを着ていると、貧乏くさい」と言われました。「貧乏くさい」……って。そんなこと、実母でなければ誰も言えませんよね。多分、夫でさえ思っても言えないでしょう。

確かに、そう言われてみると、そうなのだと気付きました。我に返りました。

黒いワンピースは、雑誌や本の印象と違って実際、何か「違う！」という感じがするのです。

もし、真夏に黒いワンピースを着てもオシャレに重く見えないとすれば、すらりと細くて長い手足を持ち、ノースリーブ、素足、華奢な靴という軽やかさがワンピースと同じくらいのインパクトがないと服に負けます。私などは平凡な体型なので、春夏の黒ワンピースはやはり服に負けてしまうのでした。

理由を考えてみました。そもそも、「黒いワンピースが万能！」と主張しているファッション指南本の著者は、外国人とか、モデルさんなどスタイルが日本人離れしている人が多いのです。たとえば白人系外国人のすらりと長い手足と小さい頭、軽やかな明るい髪の毛、色白のピンクがかった肌色にはブラックが映えるのでしょうが、黄色みがかった肌色の一般的な日本人女性にも合うかというと私は疑問が残る気がしています。もちろん、フォーマルな席にあらたまって着る分には問題ありません。ですが、それを日常でも着回すのは無理があるのではないかと思っています。

というわけで、自分にはふさわしくないと自覚してからはフォーマル用以外に黒いワンピースを買うことはやめました。さらに、黒いワンピースを着てしまうと、他のアイテムに黒を選べなくなるので意外とコーディネイトに苦戦します。バッグやストールなどの小物も同様です。ダメってことはありませんが（上級者は、素材を変えるなどのテクがあるかもしれませんが）、黒に黒ではフォーマルの席以外は、インパクトが強すぎます。また、洗練されていない組み合わせで同じ色が重なると黒でも膨張して見えます。

フォーマル用や、行事用の黒い服を普段にも応用したいという気持ちはわかりますが、この種の服は日常とは切り離した方が良いのではないでしょうか。

「卒業式や入学式に着たスーツを普段も応用できますよ」というお店のレイアウトや雑誌の特集を見かけますが、実際に着回すのは難しいです。

卒業式、入学式で着た服を日常で活用できたことがありますか？　私は、

ありません。

着回そうとするよりも、そのコーディネイトを単体で完璧と思うものにひとつひとつ仕上げた方が良いです。最終的には満足度が高く、お金をかけた甲斐があり、印象も良くなります。そうなると「元は取れる」結果につながります。着回そうとして本望ではない服を買ってしまうと結局はどれも半端になりますね。

071
真冬も真夏と同じインナーで暮らす

真冬のまっただ中です。ところが今シーズンは、まだ秋冬用インナーを着ていません。元々、私は寒がりです。そこで何とかしようと薄着を心がけるようにし始めました。その結果、いつの間にか薄着でも平気になったようです。この調子でいけば、もっと冬用衣類を減らせるかもしれません。

もっとも、物を減らしたいがために無理をして薄着をしたわけではありません。実際は、大して寒くもないのに「冬用のインナーを着なくてはいけない」とは限らないと気付いたのです。

「冬用のインナーは、寒くて耐えられない……と感じてから着ても遅くない」そう判断しました。夏と同じ薄手コットン100%のインナーを着続けました。

その結果、いつまでたっても「寒い」と思うに至りませんでした。こうしてみると、必ずしも「冬は冬用インナーを必ず着なくてはいけない」とは限らないのです。もちろん、冬用インナーを1枚も持たないわけにはいきません。寒いところに行くときには寒さを予防するために「完全武装」します。冬用インナーを着用して、使い捨てカイロを2枚貼り、タイツをはきます。でも、「完全武装」が必要な機会はそう多くありません。そのため、冬用のインナーは、「もう少し減らしても良さそう」と気付きました。

072

その服装「幸福感」がありますか？

服選びで迷うのはテイストです。最近は、「似合う」を選択基準にした方法が注目されていますが、それより特に女性には重要なことがあります。それは「幸福感」です。その服を着て「幸せそう」に見えるかどうか、です。

最近は流行の骨格診断などによる「似合う」を基準にした選び方が注目されています。けれども「似合う」服が必ずしも自分が「着たい」服と一致しないことがあります。同時に雰囲気的に時代にマッチしないことも。

世の中には「スタイル良く見える」「やせて見える」「流行に乗って見える」「オシャレに見える」など様々な「こう見えたらいいな」の方向性が山ほど提案されています。けれども、それらには、ひとつ、重要な要素がストーンと抜け落ちています。

それは「幸福感」です。20代以下くらいの年代は、時に自虐的ファッションに走ることもあります。けれども着る服によって「自分とはこういう人間である」と、相手にも自分にも暗示をかける役割があります。

「幸せそうに見える服」をまとうことで、相手に余裕を感じさせ、自分も心が軽くなることがあります。

休日に、いつまでもだらだらと部屋着で過ごしていると「だらしない自分」を感じます。時間が経過するほどに「だらしない自分」を意識して、そういう人間なのだと勘違いします。ところがきちんと身支度を調え、服装を整え、早い時間に行動すると、「きちんとしている自分」を意識します。このように、着ている服は大いに自分の感情に影響します。

服のテイストで「迷う」のは、多くの場合、他人のために着る服です。他人のために着る服は、何を基準にすれば良いのか。「骨格診断」を受けたけれど「これが似合います」と言われた服が好みではない。そういうとき、ブラックフォーマル的な場面をのぞけば、重要なのは「幸福感」です。

「幸福感」を出すことを念頭におけば、多少のブレや迷いを、かなり取り去ることができます。20代くらいまでであれば、適当に服を選んでも、肌や髪の毛のハリ、ツヤが意識しなくてもはつらつとした生気を感じさせるために「幸福感」がにじみ出ます。

ところが30代あたりから、これが徐々に失われていきます。服か小物、化粧などでカバーしていかないといけなくなってくるわけです。

ところが、その渦中でうっかりやってしまいがちなのは、（女性が）いわゆる「女子受け」を狙った服です。女子受けする服とはだいたい、女性が持つふんわりした感じ、優しい感じを封印するような物です。

幸福感と女性らしさの演出に、必ずしもフリルやレースやリボンなどの「フリフリ」を持ち込まないといけないわけではありません。迷ったならば「幸せそうに見える？」と自分に問いかけるのもひとつの手です。

なぜか女子受けを狙うと幸福感とは反対の方向に行く傾向があります。そこで、いったん「女子受け」を脇に置いて、「幸せそうに見えるかどうか」で服を選んでみてはどうでしょうか。

073 ソックスは4足あればいい

ソックスの基本所有数は4足と決めています。3足セットで売られている物が多いですが、3足では少なく、5足では多いので4足がちょうど良いという結論です。

さらに、なるべくいろんな服に合わせるために、今シーズンは微妙な配色のグレー系を選びました。この色ですと黒、グレーどちらの服にも合わせられます。合わせるといっても、実際はコーディネイトに影響するようなはき方をするわけではありません。

ちなみにスカートのときにはタイツかストッキングなので、ソックスがダイレクトに見えるコーディネイトをすることはありません。

過去にはブラック無地を選んでいましたが、黒よりもグレーの方がなじみやすいと思い、今回はこちらにしました。4足の理由ですが、通常はこんな感じですね。

・A　着用中　B　洗濯中　C、D　予備

予備が2足でちょうど良い感じです。

全部同じ色にすることで、1枚穴があいても他の物と組み合わせが可能です。
また、うっかり違う組み合わせではくこともありません。収納するときに1足ずつセットにはするわけですが、全部同じ色にしておけば、多少適当でも構わないという利点もあります。

074 最近、何を着ても「しっくりこない」、原因とその対策とは

「最近、何を着てもしっくりこない」、「違和感がある」のは体型の変化だけが原因ではありません。実は「顔」の印象が変化していることも原因です。では、どんな風に対策すればいいのでしょうか。

それは、メイクの力を上手に利用することです。普段、何のためにどんな風にメイクをしていますか？　今時のメイクの傾向は「自然に見える」ことです。その場合は、何もしていないように「見える」ことが重要です。「何もしていないのにキレイ」に見える人が魅力的と賞賛される時代です。

この場合、見た目に限って言えば、「実際に何もしていないか」、それとも本当は「メイクを駆使して何もしていない風に見えているか」は実はどうでも良いことです。結果がすべてです。若い世代の方は、このあたりの要領を得ています。メイクを始めた年代で、すでに世の中の主流が「自然に見えるメイク」が当たり前になっていたからです。要注意なのは私の世代（40代）前後の方です。というのも、メイクそのもののイメージが「ケバケバしい」メイクをしなければ「自然である」という概念が強いからです。

実際に、昔の芸能人のメイクを見ると、厚塗りです。いかにも「メイクしました！」という顔です。その割に肌トラブルも目立っています。透明感がなく人工的です。平面的です。でも、今のメイクは全然違います。品質も変わっています。今時のコスメは、たとえばファンデーションひとつにしても違います。厚塗りにならず、透明感のある仕上がりになるものが主流です。

しかも嬉しいことに昔風のメイクより今時のメイクのほうが「メイクしていないように見えるメイク」が中心なのです。今、要領を得ている人は、時間をかけて「何もしていないように見えるメイク」を行っています。そして素知らぬ顔をしています。実は時間をかけてメイクをしているのに、手抜きのシンプルメイクしかしていないように見せています。

そして「自然体でいいね」という高評価を受けています。一方で、ある程度の年齢を過ぎても「自然がいい」を真に受けて本当に何もしていない正直な人は、損です。自然に見えることと、本当に自然で何もしないことは違うからです。

本当に何もしないでいたら、女性でも鼻の下にうぶ毛が生えてヒゲみたいでみっともないですし、どうしても年齢と共に現われる肌のトラブル（シワ、シミ、くすみなど）や髪の毛のことも放置して自然に任せてだけいたのでは、どんどん見た目で損をする一方です。

なので、結論を言うと、メイクや髪の毛は手間をかけた方が良いです。メイクに手間をかけても今時のやり方で行えば自然に見えます。それでいて元から肌がキレイで、顔形が良いように見せられます。同時に明るく健康的に見せられます。ところがメイクに手間をかけることが自然体でないような、ケバケバしい女性につながることであるように勘違いをしてしまう人は多いのです。それは大きな勘違いです。

洗濯に手間をかけることとメイクに手間をかけることは同じです。なんだかんだ言って見た目は大事です。本当に何もしないのではなく、「何もしていないように見えるメイク」をしている方が女性は圧倒的に有利です。

つまり、見栄えに限っては結果がすべて、どう見えるかがすべてです。その経過は問われません。30代、40代を経て「何を着て良いかわからなく」なってしまう理由に、「自然」を地で行ってしまうことに原因があります。

顔がそのままでは肌色がくすみ、シワやシミがあるというのに、「そのままがいいいね。志向」にあおられて墓穴を掘ってしまうのです（私の場合です）。自然体で素材のまま、何もしなくても美しいのは若いときだけです。年を重ねたとしても、誰しも若いときはあったのですから、平等です。もちろん、実際に何もしなくても素の状態でも魅力があるのが理想です。まれにそういう人がいますが、確率的にはかなり低いでしょう。

自然に見えるメイクをきちんとしてから服を着ると、それ以前とは印象が全く変わります。メイクをするかしないかで、服選びの「違和感」が違ってきます。ある程度の年齢になって服選びが難しくなるのは単に体型の変化ばかりではありません。顔が変化していることも原因です。頑張ってダイエットをしてスリムになっても、まだ違和感があるのは当然です。

手間をかけないならそれなりに、手間をかけたらそれなりに……の原則はすべてのことに高い確率であてはまります。もちろん、プライベートな時間では、自然で良いと思います。ですが、人に会って良い印象を与えたいのなら、メイクの力を利用するのは良いことです。もちろん、自分のためでも良いのです。メイクによって気持ちが明るくなる効果もあります。

075 マイナス思考で服を選ぶ

洋服の買い物は迷いがちです。でも理由は、実はシンプルです。「選択肢が多すぎる」のです。つまり迷わないためには選択肢を減らせば良いのです。では、どうすればそれを減らして的確に選べるのでしょうか。

はじめに重要なのは「コスト」です。洋服、靴、バッグなどにお金をかけるのか、かけないのか。それを決めます。オシャレ上級者はオシャレの予算はメリハリだとよく言っています。

「千円のカットソーを着て5万円の靴を履く」というように。でも、それはオシャレ上級者でないと難しいワザです。まかり間違えばメリハリではなく、ちぐはぐになります。

そこで、こうします。「オシャレにお金をかけると決めたら、とことんかける」または、「お金をかけないと決めたら徹底してかけない」。まずは、この2択からスタートしてみませんか。すると、お金をかけると決めたならば、リーズナブル系の店は除外されます。かけないと決めたならば、高額店は除外されます。予算の方向性を決めるだけで選択肢がかなり減ります。

次はその店が想定している客の年齢層を見極めます。選択肢を減らすために、素直にそれに従います。「本当は、若い人向けだけど、使えるアイテムがある」というように、自分の年代と違う店に足を踏み入れるとまたまた選択肢が増えます。そのため、自分の年代にあった店を選択肢に絞ります。

次に「選択肢を絞る」方法として、「買わない色」を決めます。

次は「柄物を買うか買わないか」を決めます。柄物は買うと決めた場合でも、「買わない柄」を決めておきます。

洋服を買いに行くときは「自分に似合うのはどれ？」とプラス思考で選びますよね。ですが、いつも迷って仕方がない場合はマイナス思考が良いのです。「買いたい服」ではなく「買わない服」を事前にハッキリ意識します。

それから、**大事なのはサイズです**。サイズが合わない物は、当然ですが除外します。

「サイズで妥協しない」ことも重要な「除外する条件」になります。この場合、サイズは「着映えするサイズ」が重要です。「着られるけれど大きい」とか「着られるけれどピチピチ」は「妥協の産物」となり、選択肢を増やしてしまいます。サイズが合わなければ買わない、と決めておけば、そう安易に服を買うことに至りません。

076

色違いの服を無意味に買わない

最近になって、なかなか「これ」と思う服を見つけるのが難しくなりました。そのため、気に入った服が見つかると、色違いや全く同じデザイン&色を2枚買うというようなことをした時期があります。

けれども、一番は、気に入った1枚だけで、結局色違いの服は2番以下なのです。同じデザイン&サイズでも色が違うと全く別物になることは珍しくありません。

結局は一番の服ばかりを着て、色違いはめったに着ないことが多いとわかりました。仮に着ていたとしても「ある」から惰性で着ているだけでした。全く同じデザイン&色の複数枚買いも結果はそう変わりません。「すごく気に入ったから念のために2枚買っておこう」そう思っても、やっぱり1枚で十分なのでした。というか、どんなに気に入ってもずっと着ていれば飽きることもあります。ところが2枚あることで1枚目が劣化しても、まだ2枚目があることで買い替えに抵抗がある状態になります。流行を追いすぎる必要はありませんが、少ない服であれば、劣化して買い替えの必要が出たころには流行が変化しています。ところが予備の同じ服があるせいで、その機会もなくなります。

食品でも、ティッシュやトイレットペーパーや洗剤でも、「まとめ買い」のしすぎでの過剰在庫は一つ一つの使い方が雑になります。洋服もそれと何ら変わりないということですね。

077 リネンとコットンのシワは要注意アイテム

40代以降の人がリネン、コットン100%の服を着るなら、相当な覚悟が必要です。この2つの生地に共通しているのが何かわかりますか？　それは「シワ」です。

40代を過ぎると、どんなに気を付けても、肌色がくすみます。同時に、シワもできます。髪の毛の色つやもダウンします。ただでさえ、シワっぽくなっていき、しぼんでいくのは自然現象なのでどうしようもありません。美容や食事、メイクで何とか工夫できますが、せっかく、そんな風に努力しても自らシワを強調するような服を着ることはありません。

まれに、年を重ねても、シワのある服をオシャレに着ている人はいます。そういう人は、さりげないようでいて、実はものすごく緻密な計算をしてハイセンスな着こなしをしています。だから自然に見えているだけです。

私みたいに、平凡な普通の人は、わざわざシワっぽい服に手を出さない方が良いです。いえ、多分、自分では鏡に映った姿を見て「こなれてオシャレに」見えています。でも、たいていの場合、**それは錯覚です。**

自宅の鏡では良くても、街ナカの鏡で己の姿を見たら、自宅での印象とのあまりの違いに卒倒しました。今すぐにでも別の服を買って着替えたくなったことがあります。

夏は、リネン、コットン１００％の服が店頭に並びます。悪いことは言いません。「涼しそう」と手にするのをやめておきましょう。どうしても着るなら分量を控え目にした方が良いでしょう。

078 キャミソール型、タンクトップ型の袖のない服は買わない

キャミソール、タンクトップ型の袖のないトップスを買うのをやめました。こういう形の服をシャツやジャケットのインに着るのにも使うようですが、常々そういう着方には疑問を抱いていたのです。

「脇汗対策は、どうなってる?」ということです。

たとえ、上に何かを羽織っていても、脇汗を大量にかかなくても、やっぱり多少なりとも汚れるし、ニオイが付きやすくなると思うのです。

最近、夏になると随分と脇汗対策グッズが増えますが、なぜかキャミソール、タンクトップ型の服は健在です。お気に入りの服を長持ちさせるには、やっぱり、その辺は気を遣った方が良いのではないでしょうか。

というわけで、私は袖のあるものしか買いません。すると服の選択肢が一つ減

りますので、服も少し減らせます。

079 外出のカテゴリ見直しで服を減らす

服が増える、減らせない、こうした状況には外出のカテゴリがたくさんあることが原因です。けれども「それはそうだけど、難しいのよねえ」の理由には場所に適した服のテイストの違いがあります。

たとえば、近所のスーパーへの買い物には好きな格好をすれば良いのですが、子供の学校に行く場合、運動会に行く格好と保護者会に着て行く服のテイストは違いますよね。また、ブラックフォーマルと結婚披露宴に着て行く服のテイストも違います。それから、料理教室に着て行く服と、ヨガを習いに行く服のテイストも違います。

場所だけではありません。立場の違いもあります。母親としての服装と、勤務先の社員としての服装と、妻としての服装と、個人としての服装は違うのです。

一般に、既婚者の方が、立場が多様化するために服も増えやすくなります。母親としての服装は、保護者会などの服装、勤務先の社員としての服装はビジネスにふさわしい服装、冠婚葬祭で親類や近所の方に対応するための服装、友人とお茶するときの服装や、習い事などに行く服装など立場の違いによる服装も様々です。

自分個人は一人の人間ですが、客観的には多様な立場や行先があります。現代日本の場合はそれぞれ「ふさわしい」とされる「常識的な服装」の概念が存在します。つまりは家族の人数や年代が多様なほど、関わっている事柄が多様なほどに、**必要な服が増えるということです。**

家族構成を変えるわけにはいきません。とすれば変更が可能なのは「関わっていること」でしかありません。関わっていることが増えればその分、服も多様なテイストを必要とするために減らせなくなります。

服のために、現在関わっていることを無理して辞める必要は、もちろんありません。けれども、服が多数あり、いくら見直してもどうしても減らせないという時、見直すべきは服ではなくて、現在、関わっていることです。

「多すぎるけれど減らせない」それは、もしかすると服ではなくて関わっている事柄である可能性を考えてみます。

「少ない服でも大丈夫」と思えるなら、関わっている事柄も自分に無理のないシンプルな範囲にとどまっているということの表れです。

服の見直しは、行動を見直す良い機会です。

第8章

持たない暮らしをしてみたら

080

お気に入りと苦手は裏表

完璧なものなどありません。すべてが自分の思うままになるわけではありません。物も人も、他の生き物も環境のすべても、自分のために存在しているわけではないからです。けれども、それらがあるから自分の存在があります。

ということは、たとえ100%満足しなくても、満足0%ということはないはずです。ほんの少しであっても、何かしら自分にとって必要な面はあります。

仮に満足度1%と感じているとして、本当は100%の恩恵を受けているにもかかわらず自分が気付けていないだけということもあります。つまり、気付く能力が不足しているということです。

ところが、つい言ってしまいがちなのは、「これはこういう所が気に入らない」と上から目線で排除してしまうことです。今、気に入らない、必要がないと感じても、決してそれらを上から目線の感情で排除しないことに注意したいと思います。

持たない暮らしを心がけることとは、「自分が気に入らない物＝価値がない」という「思い込みを持たない」ことがスタートです。「お気に入り」があるということは「苦手な物」も同じくらい存在していることです。たくさんの「お気に入り」があると感じたら「もしかして、自分は何かを排除しすぎてはいないだろうか」と自問することが必要です。物に対する扱いには、人に対する感情も多々反映されているからです。

生活は、ある意味妥協の連続です。妥協というと聞こえが良くありませんが、「認める」と同じことです。お気に入りしか受け入れられないのは心が幼い証拠です。その例として、幼児はしばしばお気に入りに執着します。けれども成長に伴って少しずつ苦手な物も受け入れられるようになります。

たとえ「お気に入り」でない物も、今、使っている物に対して「使うことができる」と感じることが重要だと思います。

081

反省は1分以内

持たない暮らしを心がけて大きく変化したのは、希望にそわないことがあったときの心の在り方です。以前は、過ぎたことをいつまでも繰り返し後悔していました。ところが最近は「今」と「近い将来」を中心に視点を置くことが習慣になりました。

そのせいか、たとえ失敗や嫌なことがあっても、反省は1分以内になりました。もちろん、失敗は以後の教訓にします。けれども、変えられない出来事をいつまでも悔やみふさぎ込んでも、まったく意味がありません。つまり切り替えの早さが習慣になりました。

1分間だけ反省をして、落ち込んだら、あとは終了です。

そして次は「今、できること」だけを考えます。自分が生きているのは過去ではなく「今」です。そう考えると、ふさぎ込んだ心はどこかに飛んで行きます。

場合によっては無理にでも笑みを作ってみます。すると本当に、失敗も嫌なことも「どうでもよいこと」に思えてくるから不思議です。この年（40代）になっても未だに失敗をします。また、わかりきっていたはずなのに、自分の考え方の良くない癖が出てしまい、裏目に出てしまうこともあります。

けれども、「今」に目を向ければ、素直に自分の未熟さに気付きます。さらに、その気付きが自分を成長させてくれていると改めて気が付く次第です。なんだか漠然とした話ですが、最近も、そんな出来事がありました。

082

小さい暮らしで漠然とした不安を捨てる

誰しも不安は持っていると思います。それには二つのタイプがあります。一つは「はっきりとした理由のあるもの」です。二つ目は「理由がない漠然とした不安」です。一つ目の「はっきりとした不安」には、たとえば「明日の面接はうまくいくだろうか」とか「来週の旅行は雨が降るかもしれないけれど、スムーズに行くだろうか」というようなものです。それに対して二つ目は現在二十代の人が「老後はきちんと食べていけるのだろうか」とか、「大きな事故があったらどうしよう」というような「あるかないかよく分からない不安」です。

あらかじめ不安を抱くことで突然、変わったことが起きても大きなショックを受けなくて済むことや、事前に対策をたてることで、被害を最小限に抑えることができる効果があります。けれども、自分の過去を振り返ってみると、不安の多くは取り越し苦労に終わったものがほとんどでした。それどころか、事前に対策を早めにとったことが裏目に出たこともあります。

というわけで、今に至っての結論は「あまりに先のことを考えすぎても仕方ない」ってことです。

一つ目の「すぐ近い将来の明確な不安」は、理由がはっきりしています。だから不安が終了する時期や対策の取りようがあります。けれども、二つ目の「漠然とした不安」は、自分が抱いている限り消えることがないのでやっかいです。しかも、その不安が現実になる確率も不鮮明です。

どんなに注意を払っても、不本意なことに遭うことはあるでしょう。また、何も考えずに気楽に暮らしたからといって、必ずアクシデントに遭うと決まっているわけでもありません。となれば、あまり先のことを考えずに暮らした方が断然良いという結論に至ります。

もちろん、現実問題としての備えは必要です。たとえばある程度のお金をキープしておく、というようなことです。けれども、それ自体が目的ではありません。あくまで脇役です。また、世の中の人々の漠然とした不安の多くは結局の所、現実に目を向ければ「お金」であることは多いのです。裏を返せばお金で解決できることならその方が良い場合もあります。こんな風に書くと「お金で解決できないこと、変えられないものはある」と反論が出るでしょう。

ですが、頭から否定する前に「そういうことは多い」現実を受け止めた方がよほど不安を払拭できます。また、解決策を具体的に考えるきっかけになります。

ところが、ありがちな意見に、「お金があっても幸せではない人はいる」というものがあります。けれども、「お金がないことで困難を強いられている人」がいる現実を見据えることは必要です。何も金の亡者になれということではありません。現実を冷静に受け止めて、きれいごとの言葉で誤魔化さない態度は不安を払拭するには有効です。

多くの人が抱く漠然とした不安の実態の多くは、突き詰めると「お金の有無」であることは多いようです。お金がいくら必要かと考えたとき、普段から多くを必要としない暮らしをしていれば、少ししかなくてもたいした不安を抱かなくて済みます。

つまり多くを持たない暮らしは将来の漠然とした不安をなくすことにも効果があります。漠然とした不安を捨て去るには、まずは必要最小限のもので小さく暮らしてみて、最低必要なお金がいくらなのかを知ります。すると「実はそんなに多くは必要ない」ことがわかるかもしれません。持たない暮らしはこのように漠然とした不安をなくす効果もあります。

083 「こだわりのある暮らし」は、不自由を増やす

「こだわりのある暮らし」は、本当に最善なのでしょうか。

少し前までは「持ち物は『こだわって』選び抜いた好きなものに囲まれるのが理想」という本やブログを見て、大いに憧れて真似をして目標としてきました。けれども、最近になって「何かおかしい」と思い始めたのです。

『リンボウ先生の文章術教室』（林望著・小学館文庫）という本に「使用する人が多いけれど品がないから真似してはいけない言葉」についての記述がありました。「いわゆる手垢のついた表現の安易な使用」として、いくつかの例が挙げられていたのです。そのひとつが「こだわり」の誤った使い方です。それによると『こだわり』というのは、本来何かに拘泥していることを、やや批判的に言うときに使う言葉」なのだそうです。だから、「『こだわりの逸品』のような使い方は大間違い」なのだそうです。これを読んで以来「こだわり」をはじめ、「いわゆる手垢のついた表現」を使わないように注意しています。

その本で著者が言っているのはあくまで言葉の使い方、文章の話です。そして、通常、私たちが頻繁に目にする「こだわり」の使用例はしばしばこんな風に誤解されて理解されます。それは「こだわりがあるのは、良い物を選び抜く審美眼があり崇高でありり良いことだ」というようなことです。ところが、あらためて「こだわり」に向き合ってみれば、言葉だけをとってみても、そもそもが誤った使い方であり、さらにはあちこちで使い古されて手垢だらけであるということで、審美眼があることでも、崇高なことでもないのかもしれないと考えるきっかけになったのでした。

「こだわり」を正しく言い換えれば、「信念をもって選ぶ」とか「妥協しない」でしょうか。実際には「気に入らない物」よりも「より気に入る物」を、信念を持って選んだり、妥協せずに取り入れようとしたり、自分のやり方を通そうとすることがあります。日常生活においての買い物では「何県産の野菜を買う」と決めたり、調味料の種類を限定したり、洗剤の原料を確認したりというようなことです。これらは、より健康でありたいとする信念を貫くための選択です。ところがひとたび、「信念」をもって妥協せずに選ぼうとしてしまうと、途端に不自由度が高くなります。産地や種類や原料を気にしなければ、目に付いた店で適当に自由な気持ちで買うことができるからです。ひとたび決めごとを自分に課せば、その分不自由さが増します。

その点、**何も気にしない人は自由です。**砂糖と言えば白砂糖。「他にてんさい糖という種類の砂糖があるから、そちらの方がいい」などとは何も考えずに白砂糖を買うだけです。これまでは、そうした選択を考慮することこそが正しいのだと思ってきました。けれども、本当に信念をもって選んだつもりのものが、最善なのかどうかは不確定なのです。

もともと、私が持たない暮らしを始めた理由の一つは「自由度」を高めるためです。ところが気がつくと「何かを買おう」と思ったときに、色、形、サイズ、価格、仕様、に「こだわり」を持ちすぎることで「どこにも欲しい物が売っていない」ために時間も買い物の労力も過剰になることがしばしばあります。それは無駄遣い予防には画期的ですが、以前のようにシンプルに買い物を楽しめなくなったと感じます。この件に関してはまだまだ課題が山積みです。

084

車を持たないと無駄なモノが増えない

車を持たないと「無駄な買い物をしたくてもできない」ので、「余計な物が増えなくなる」というお話です。車を持たない生活を始めて数年経過しました。今のところ支障なく生活しています。当初、車がないと買い物に支障が出るのではないかと思っていました。結果はNOでした。むしろ、買い物のフットワークが良くないことで、無駄な物が増えないという思わぬメリットがあると気付きました。

特に、「手荷物で持ち帰るには大きいけれど、配達を頼む程でもないサイズ、重量の商品」を見たときに特にそう感じます。もし、車で来ていたら、おそらく買っていた品物も、自力で電車、バス、自転車などで持ち帰るには無理があるような品は、レジに向かう前によく考えるようになります。

すると「今、絶対に必要というわけではないから、もう少し考えてみよう」と思いとどまることがほとんどです。どうしても欲しい場合は、今時、通販で買えない物はありません。改めて類似品をネットで探して買えば、手に入れることは可能です。

物を家に運び入れるシステムが整っていると、容易に家に物が増えやすくなります。物が増えるのは運搬手段の容易さも関係しています。

085

「思い込み」を捨てる

「蜜入りリンゴが甘くて美味しい」と思うのは、実は錯覚なのだそうです。以前、テレビに出演していたリンゴ農家の方が話していました。リンゴの「蜜」は、単なる水分で、「美味しい」と思うのは「蜜入りリンゴは美味しい」という思い込みから来る錯覚だそうです。

その程度の錯覚は、気付かぬふりをして「蜜入りリンゴ」を買い求めて食べればそれで良いことです。けれども、よく考えてみると、同じような錯覚、思い込みは実はいろいろありそうです。

まず、以前から疑問に思っていることがあります。それは「土鍋で炊いたご飯は、本当に炊飯器で炊いたご飯よりおいしいのか？」ということです。

土鍋で炊いたご飯は、確かに美味しいのだと思います。私も何度か炊いたことがあります。美味しいと思いました。でも、正直に言うと、「炊飯器と大して変わらないかも」と思いました。炊飯器で炊いたご飯も、炊きたてから時間が経過すると、さすがに味が落ちます。ですが、少なくとも炊きたてであれば土鍋で炊いたご飯も炊飯器で炊いたご飯も変わりがないと感じました。

もっとも、本当にどちらも変わりないのかもしれないし、単なる個人の好みの違いかもしれません。もしくは私が味音痴の可能性もあります。

時折、テレビのバラエティ番組で、こんな光景を目にします。高級料亭などを年中利用して舌の肥えている芸能人に、高級食材と普通の食材を出して食べ比べをさせます。ところが正確に見分けられる人は少ないのです。それは、何もその芸能人に限ったことではないと思うのです。

私たちは、店の雰囲気、食器、価格という前提から「これは美味しいはず」という先入観をどうしても抱きます。同時に「美味しい」の定義自体、あやふやです。そして高級なもの、手間をかけたものが美味しくて、そうでないものが美味しくないとも限りません。

ということは、たとえば土鍋で炊いたご飯が美味しく、炊飯器で炊いたご飯はそれに劣るとは必ずしも言えない可能性は十分にあります。

もっとも、そんなことは、好きな方を選べばよいだけです。誰が何と言おうと、土鍋で炊いたほうが美味しいと思えば、そうすれば良いし、炊飯器が良いと思えば炊飯器を使えば良いだけです。

若干、注意が必要かもしれないと思うのは、「土鍋で炊くと美味しい」という雰囲気にのまれて自分で錯覚を生みだした選択をすることです。たかが炊飯に、そこまで考える必要はありませんし、鍋で炊くことを否定したいのではありません。しばしば「注意すべき行動」として「流行に翻弄されること」が挙げられます。普通、流行というと、ファッションなどをイメージします。ですが、実際は、世の中にはいろんな「流行」があります。健康、食品、趣味、お金関連、本……。「土鍋で炊くと美味しい」も、真偽はどうあれ、一種の流行ともいえます。「持たない暮らし」でさえも「流行」のひとつの可能性があります。

文庫版あとがき

簡単に暮らすライフスタイルは、私にとって永遠のテーマです。これは単に、家事の裏ワザとか、時短テクのような、即効性のあることだけじゃありません。まず思い込みを外すこと、これに尽きると思っています。

世の中には様々な慣習や価値観があって、それらには長年の知恵がギュッと詰まっています。従来はこうした流れに沿って暮らせば良かったと思うんです。いっぽうで最近は、世の中の変化がものすごく速いですよね。だから従来の方法重視で行動していると思い込みが外れないし、時代に合わないことが出てきます。

それが大きく表に現れたのは、新型コロナウィルスの流行を発端にした現象です。例えばテレワークなどは、試験的に行うことがあっても、実際に始動するのはまだ先だと思われていたはずです。ところが多くの人が、実際に向き合うことになりました。それで働き方、住む場所、物の持ち方を見直したようです。新型コロナウィルスの流行は、皮肉にも人々の生き方について根本的なことを見直す機会をもたらしました。

暮らしを簡単にすることで大切なのは、「自分が（家族が）どうしたいのか」です。本音にフタをしないほうがいい。ところが私たちはつい、これを忘れてしまうんですよね。例えば世間体を気にして、どう思われるかを意識してしまうのです。結果として自分の暮らしを選択しているようで、実はそうしていないことのどれほど多いことか。

この本のタイトル（『簡単に暮らせ』）を初めて目にした方は、とまどった方もきっといることでしょう。強めなタイトルですから。さらには本文の文章も、です。なぜそんなスタイルを選択したかと言うと、もともとは自分の備忘録が目的で書き始めたブログが元になっているからです。

私はあいまいな表現にすると、一度気付きを得ても、すぐに忘れてしまうのです。それにはキッパリ書いた方が良かったというわけです。とくに私は優柔不断で同じことを繰り返しぐるぐる考えてしまうクセがありました。これをまず、何とかしたいと思っていたんですね。だから「簡単に暮らせ」と強く言い切るくら

いでちょうど良かったのです。とはいえ、このブログタイトルと言い（書籍タイトルと同じです）始めた当初は内心、

「もし、タイトルが生意気だとかの反応が来たらどうする？」

なんてちょっとばかりドキドキしながらスタートしました。ところが、そんな現象は皆無でした。拍子抜けしました。それで改めて自分の無意味な自意識過剰っぷりに気が付きました。そして、

「もし○○だったらどうしよう」

とおそれすぎなくても良いことを知りました。それこそまさに「思い込み」であり、妙な幻想が自分をしばっていたことを知りました。


最初にこの本が単行本として出版されたとき、世はミニマリストブームが始まった時期でした（ミニマリストとは大雑把に説明すると、多くを持たないライフスタイルで暮らす人のことです）。簡単に暮らすというライフスタイルは、このミニマリストのいいとこ取りを含んでいます。重要なのは、例えば「ミニマリストだから物は少なく持たなければならない」のように言葉で自分の暮らしを縛らないこと

です。

例えば少ない持ち物で暮らすことを選んだのであれば、それは簡単に暮らすためのイチ手段です。反対にコロナ流行で備蓄品などの物が増えても、それが自分に必要な物ならば、否定したり物を持ったりすることに罪悪感を抱く必要はないんですよね。状況に合わせて柔軟に対応していけばいい。簡単に暮らすとは、柔軟性を持つことだとも言えます。

書籍については、多くの読者様と多くの関係者の方のおかげで形になることができました。また、大和書房の小宮久美子様には、最初の書籍より大変お世話になりました。この場を借りてお礼申し上げます。

本作品は、二〇一六年六月に小社より刊行された同名タイトルに大幅に加筆修正を加え、再編集して文庫化したものです。

ちゃくま

40代後半の主婦。夫と息子との三人家族。2008年よりブログを書き始め、2015年に現在のブログ「簡単に暮らせ」を始動、月間PV50万の人気ブログに。趣味は書店めぐりと読書。チーズが好きで牛乳は苦手。独自の座右の銘は、「迷った時は縄文人に聞け」(迷った時は原点に返る)。著書に『簡単に暮らせ』『もっと簡単に暮らせ』(以上大和書房)がある。

http://www.kurase.com/

だいわ文庫

簡単に暮らせ

著者　ちゃくま

二〇二〇年一一月一五日第一刷発行
二〇二一年二月一五日第二刷発行

発行者　佐藤　靖
発行所　大和書房
東京都文京区関口一−三三−四　〒一一二−〇〇一四
電話　〇三−三二〇三−四五一一

フォーマットデザイン　鈴木成一デザイン室
本文デザイン　三森健太(JUNGLE)
イラスト　ナカイミナ
本文印刷　信毎書籍印刷
カバー印刷　山一印刷
製本　ナショナル製本

ISBN978-4-479-30841-6
乱丁本・落丁本はお取り替えいたします。
http://www.daiwashobo.co.jp